PLANET EARTH III

地球脉动 Ⅲ

最后的秘境

［英］迈克尔·甘东（Michael Gunton）　［英］容尼·基林（Jonny Keeling）　［英］马特·布兰登（Matt Brandon）　著

赵颖　译

人民邮电出版社

北京

译者序

离开青海已经好几天了，但关于青海的记忆还未消散。在那儿，在忽然安静下来的尕尔寺门口，三五只岩羊正低头觅食，时刻保持警惕。此刻，惴惴不安而又兴奋的我正专心寻觅着。它们警惕的和我寻觅的是同一种东西——雪豹，灰白色皮毛上镶嵌着黑色玫瑰花纹路的高山精灵。

我刚翻译完《地球脉动Ⅲ：最后的秘境》不久，其中一个章节介绍的正是雪豹。我由此得知雪豹偏爱这样的高海拔陡峭岩石生境，并以岩羊等为食，所以很想趁此机会亲眼见见书中描绘的这种神秘生物。我屏住呼吸，努力在一片寂静中倾听，似乎隐约捕捉到了猛兽喘息的声音，但我最终没能与它正面相遇。所幸在随后与当地居民及相关保护工作者的交谈中，我了解到这里确实还有雪豹生存，他们也在积极尝试在此地发展生态旅游，不懈地探索人与世间生灵、与自然万物和谐共生、共繁荣的新方式。因为特殊的生境及生物多样性，未来这些地方还有可能被划入保护区范围内。听到这些消息，保护生物学专业出身的我一阵欣喜，因为还有许多人正在为保护自然而付诸行动。

也许平时享受城市生活的便利、远离山野的我们很少有机会能真正直面人与自然的冲突，但本书中所展示的地球因城市的扩张、人类社会经济的高速发展而千疮百孔绝非夸大其词——屹立千百年的高大树木在顷刻间轰然倒下，不计其数的垃圾涌向海洋成为海洋生物的噩梦，非法盗猎和采集导致某些生物濒临灭绝……更让人心碎的是，脆弱的地球似乎很难再去承受更多的扰动，随地球生态系统受损而来的气候变暖、极端灾害等正将其遭受到的伤痛"还给"我们。在一些地区，我们的同胞最先感受到了这份伤痛，如书中提到的蝗灾肆虐的肯尼亚等地。那么，面对这几乎失控的局面，我们该怎么做呢？书中无法给出确切的答案，甚至任何一个保护工作者、相关科学家、与自然紧密相连的原住民都很难回答这一问题。但本书带领我们从不同人的角度，经历他们面对发展和保护时的挣扎与选择，感受他们的无奈或勇气，也为我们展现了无限的可能以及希望。

当然，《地球脉动Ⅲ：最后的秘境》中除了这些略显沉重的问题外，延续了前两部的风格，以超高的制作水准和独特的视角，从3000米海底的章鱼花园到海拔3000米处的冰雪林蛙，从热带岛屿上虾虎鱼的史诗之旅到北风呼啸之地上演的北极狼与麝牛的"极地双人舞"，展现了隐秘角落那些不为人知的地球之美，讲述了精彩绝伦的物种生存故事。

无论如何，非常高兴作为本书译者，为各位了解生命的美好、自然的智慧、地球遇到的问题及其守护者的故事提供又一座桥梁。世界磅礴，而本人学识有限，虽付出诸多努力，但译文中仍难免有疏漏之处，敬请各位见谅并及时指正，在此感谢至极！

赵颖

2024年8月写于西藏

目　录

第1章

海 陆 之 间

从全球性的视角来看，两个截然不同的世界在陆地和海洋的边界交会，边界两侧的生命也在这里相遇。那些跨越边界去探索和寻求机会的冒险者势必面临全新的危机：或许是来自海水的压力，或许是离开海水支持后的自身重力，又或许是来自边界另一侧的、难以预料的捕食者。海洋和陆地上的天气变幻莫测，有的海岸线在夏季会经历灼人的高温和干燥炎热的季风，在冬季又饱受冰雪肆虐，极度寒冷。在海上积蓄力量的风暴最终也会在海岸附近暴发，狠狠地拍打海岸。假如这些还不够具有挑战性，沿海的野生生物还面临着别样的危机，那就是由人类造成的种种危机。世界上几乎一半的人口都生活在海岸及其附近，野生生物正面临来自人类的、日益增大的生存压力：红树林被养虾场取代，海龟可能因为筑巢地点选择不当而不得不将巢穴遗弃，还有随海滩开发而来的灯光污染以及海平面上升等威胁。野生生物和环境污染的斗争也在持续加剧，无论是工业生产的化学品、城市排出的污水，还是无处不在的塑料制品，都对它们提出了新的挑战。海岸成为了硝烟四起的战场。在破坏陆地和海洋的同时，我们也破坏了保护我们自己和野生生物免受风暴潮、飓风和其他极端天气影响的屏障，而这些屏障对于生活在沿海低地国家的人们来说至关重要。虽有些老生常谈，但保护海岸确实应该作为全世界的首要任务之一，况且海岸还是个非凡之地，吸引着无数野生生物在此聚集、生存，它们完美地适应了这一充满活力的过渡地带。

◀ 位于阿根廷瓦尔德斯半岛的埃尔多拉迪罗自然保护区[1]海域中的南露脊鲸（*Eubalaena australis*）妈妈和它的幼崽在水中游弋，人们来到这里，在岸边观赏鲸。

---

[1] 埃尔多拉迪罗自然保护区被认为是世界上从海岸观看鲸的最佳地点。每年 6 月至 10 月之间，成千上万的游客慕名而来，在这里可以近距离观赏到大型海洋哺乳动物，它们在此繁殖和哺育幼崽。——译者注

"老鹰捉小鸡"

海岸在动物的生存中扮演着多重角色。海岸可以作为庇护所，海洋生物待在那儿比在开阔海域更安全；但海岸也许是充满危险的，因为这些动物的天敌可能也同样适应了海岸生活。例如，对于海洋生物来说，位于南非的印度洋海岸既是庇护所又危机四伏。受到强烈而迅猛的厄加勒斯洋流的影响，这里的风暴和海浪出奇地凶猛，即使超级油轮也无法抵御，只会被海洋吞噬，消失得无影无踪。但是这里拥有很高的生产力，鱼群密集，每年都上演着著名的"沙丁鱼大洄游"[1]，因此这里也成为了南非海狗（*Arctocephalus pusillus*）的最佳繁殖地。

南非海狗的幼崽出生于罗伯格半岛陡峭的悬崖底部。在幼崽出生后最初的几周里，海岸为它们提供了安全的栖身之所，庇护它们成长。但总有一天，它们要在真正属于它们的大海里畅游，就像它们的父母一样，自如地游弋和潜水。然而海洋对它们来说充满了危险，尤其是在这段特殊的海岸线上，大白鲨（*Carcharodon carcharias*）正潜伏在那里等待着它们。

▼▶ 大白鲨正在南非海岸边巡游（下图），寻找从岸边的岩石进入海中的幼年海狗（对页上图）。出乎意料的是，面对强敌，成年海狗选择了围攻大白鲨，而不是逃跑（对页下图）。

[1] 沙丁鱼大洄游发生在每年南半球的秋冬季节，南非西南部寒冷的本格拉洋流和东南部温暖的厄加勒斯洋流在南部海域相逢，使得那里拥有了较高的初级生产力。数十亿条沙丁鱼自南非西南部的冷水海域迁徙至东海岸的暖水海域产卵，鱼群在大洋表面清晰可见。对于沙丁鱼来说，迁徙是生存的必需；而对于海上的其他海洋生物来说，则迎来了最壮观的掠食狂欢。——译者注

▲ 大白鲨凭借突袭从下方和后方
接近猎物，然而一旦被发现，
它捕猎成功的概率几乎为零。

在不同的生长阶段，大白鲨捕捉的猎物也不同，最初它们以鱼类和鱿鱼等为食。当体形达到一定大小（通常超过3米）时，它们就开始觊觎海洋哺乳动物富含能量的脂肪。它们需要摄入脂肪类食物来维持大脑、眼睛、腹部和用于快速追踪猎物的其他部位的肌肉等的温度，这些部位的温度甚至会比周围海水的温度高出14摄氏度，这使得它们在与硬骨鱼及其他鲨鱼的竞争中占据优势。海狗幼崽是它们首选的猎捕对象。

海狗幼崽刚入海时比较笨拙，动作不及它们的长辈灵活和迅速。它们毫无经验，非常脆弱，而大白鲨可是从下方或背后偷袭猎物的专家。在明亮的海面之下，猎物的轮廓清晰可见，大白鲨则利用身后的海藻和深色岩石将自己隐藏起来。它们会乘着汹涌翻滚的海浪发起进攻，令海狗幼崽防不胜防。大白鲨一口咬下去，就意味着一只海狗幼崽永远消失了。

然而，只有当猎物不知道大白鲨所在时，大白鲨才能成功。一旦发现了入侵者的踪迹，海狗也会采取出乎意料的策略，它们不会退缩避开，而是朝大白鲨游去，联合起来围攻入侵者，就像乌鸦围攻老鹰一般。它们以此来向大白鲨表明"你已经被发现了"，并告诉其他海狗捕食者的具体位置，然后将其赶走。这种行为也是在向大白鲨宣示"你的对手是一群健壮的成年海狗，我们只是在教娃娃们了解你的捕食能力"。对于海狗幼崽来说，只要没有受伤，这就是一种有趣的"早期学习"方式。

▶ 海狗离大白鲨如此之近，看起
来它们像是在冒着生命危险，
但其实这是在告诉大白鲨它的
伎俩已经被识破了。无论是海
狗还是大白鲨都知道这次双方
相安无事了。

大白鲨鼻子下面的小孔里藏着它的感觉器官，可以探测海狗肌肉发出的电信号，从而避免自己的眼睛被海狗挥舞的利爪抓伤。虽然大白鲨实际上是在盲游，但是它仍然知道猎物的准确位置。

愤怒之地

▼ 纳米布沙漠是地球上为数不多的、狮子能够在如此恶劣的环境中生存的沙漠之一。在纳米布沙漠西北部的骷髅海岸——沙漠与海洋的交会之地，我们甚至能看到狮子在海边狩猎的场景，有的狮子还会将猎物带到数千米外的内陆，喂养在沙漠中嗷嗷待哺的幼崽。

纳米比亚的骷髅海岸[1]无疑是世界上最引人注目、最为残酷的海岸线之一。海岸一侧是地球上最古老的沙漠——纳米布沙漠，炎热而干燥；另一侧则是来自大西洋中本格拉洋流的寒冷海水。当冷热相汇时，就形成了一道无法逾越的雾气屏障，骷髅海岸因此得名。至今已有500多艘新、旧船只在此触礁、搁浅。昏黄弥漫的沙漠中，折戟沉沙的斑驳船体若隐若现，四处散落着鲸、海豹等动物的白骨。那些船只失事后设法抵达海岸的船员也都不可避免地死于饥饿或海岸上的恶劣天气。在极端年份里，这里的降雨量仅为5毫米，溪流也完全消失了。当地的布须曼人称这里为"上帝在愤怒中创造的土地"。试问谁愿意在这儿生存呢？但出乎意料的是，包括狮子在内的很多动物就生活在这片"愤怒之地"。

---

[1] 有说法认为"骷髅海岸"这一名称来自作家约翰·马什 1944 年出版的同名纪实文学《骷髅海岸》。——译者注

纳米布沙漠对大型猫科动物来说并非理想的生存之地，生物学家对狮子（*Panthera leo*）如何适应这一恶劣环境产生了浓厚兴趣。多年来，一些狮群以纳米布沙漠作为它们赖以为生的家园。它们在沙丘和砾石平原上猎捕南非剑羚（*Oryx gazella*）和跳羚（*Antidorcas marsupialis*）等动物，这些猎物的血液为它们提供了生存所需的大部分水分。与生活在稀树草原上的狮子相比，它们的皮毛更加厚实，以此来抵御沙漠夜晚的严寒。纳米布沙漠狮群规模更小，领地却更加广阔，它们必须分散开来四处搜寻猎物。然而到了20世纪80年代，这里的狮群开始减少，或许被猎人为了炫耀而猎杀，或许丧命于与人类的冲突之中。到了20世纪90年代，几乎所有生存在纳米布沙漠西北部的狮群都消失了，生物学家再也无法在此研究它们了。只有纳米布河东部边缘山区的一小群狮子幸存了下来。

在过去的十几年间，这些残存的狮子时不时地会冒险来到海岸边，但是人们从未见过它们从海里捕食。直到3个沙漠雌狮孤儿引起了威尔和利亚纳·斯滕坎普的注意，他们记录下了这3只狮子的非凡故事。这3只雌狮出生于2015年12月，但是几年后才在海岸边被发现。当它们的母亲去世时，这3只幼崽才大概有10个月

大，它们最终自己学会了狩猎[1]。起初，它们肯定也成功地杀死过一些猎物，但是大多数时候还是依赖腐烂的动物尸体来果腹。

在饥饿的驱使下，它们不断向原先活动区域的边缘探索，最终到达了一个它们从未见过的新世界——一处不同于沙漠、充满了生机和活力的海岸。在抵达海岸之前，它们的狩猎之旅中的一程是绿洲，那儿栖息着鸬鹚群，为此它们不得不涉水到湖中捕食。虽然有的狮子生活在沼泽附近，但一般来说，狮子不善涉水。好在经过数次尝试后，它们总算成功地捕捉到了夜间在这儿栖息的鸬鹚。随着捕猎技能的日渐纯熟，它们还猎杀过火烈鸟和赤嘴鸭（*Anas erythrorhyncha*）等湿地鸟类。它们甚至学会了潜藏在芦苇丛中，耐心等待机会，突袭那些毫无戒备的鸟儿。

虽然狮子三姐妹一起学习猎杀鸟类，但是不久之后它们就分道扬镳了。其中一只选择和另一只更为年长的母狮留在了内陆，而另外两姐妹则走向海岸，并在那儿学会了捕杀南非海狗。从一无所有、差点被饿死的孤儿，它们凭借自己的勇气和智慧，最终蜕变成了十分出色的猎手。

---

[1] 一般而言，狮子在 3 个月大时开始学会追踪猎物，但是直到一岁才能正式参加狩猎。两岁的狮子开始能有效地进行捕猎。——译者注

◄ 对狮子来说，在纳米布沙漠中生存极具挑战性，但是只要它们不畏险阻到达骷髅海岸，就会有充足的食物来源。鸬鹚等海鸟栖息在沙滩上（对页上图），南非海狗也会上岸换毛和繁殖后代（对页下图），它们都可以作为沙漠狮子的猎物。

▼ 母狮去世之后，3 只幼崽只能靠自己在沙漠中生存。

死亡天使

▶ 裸海蝶是一类能够自由游动的软体动物，它们的腹足已经特化成了用于在海中游动的翅状疣足。虽然外表如天使一般，但实际上裸海蝶是一种凶残而贪婪的肉食者。

海岸无疑是最引人注目的栖息地之一，而其中环境改变最剧烈的要数北冰洋沿岸了。在北冰洋沿岸，海冰的出现和消失几乎驱动着这里的一切活动。每到春季和夏季，都会有澳大利亚大陆面积大小的海冰融化，这也是此处一年中生命最为活跃和喧闹的季节。这种转变从海面一直延伸到其下更深的地方。整个冬天，冰藻[1]都在冰层下面，甚至在冰层中缓慢生长，而一旦到了春天，冰层融化，它们就会迅速生长、繁殖，为食物链上游的生物提供能量和营养物质。其中的受益者之一是一种仿佛凭空出现的海洋小生物——裸海蝶。从早春开始，不计其数的小小裸海蝶就会充满寒冷的海洋顶部往下20米深的区域。

裸海蝶是一类腹足类软体动物，属于翼足目，与蛞蝓和蜗牛等动物是远亲。裸海蝶又被称为"冰海天使"，这一俗名源自它们的外观：如果忽略其头部长着的恶魔般的角，它们看起来就像漂浮在海中的天使。裸海蝶是一种几乎完全透明的凝胶状生物，而且不同于一般人印象中的陆地软体动物。裸海蝶在其生命早期就失去了硬质的外壳，它们的腹足也特化成了翅状的附属物——疣足，看起来就像"天使的翅膀"。通过划动疣足，裸海蝶的速度可以达到约0.35千米/时。乍一听这似乎很慢，但是考虑到它们的体长最大不过5厘米，实际上裸海蝶已经是一种比较厉害的游泳动物了。不过，在非捕猎状态下，它们的移动速度相对较慢，每秒钟"翅膀"才扇动一两次，推动流线型的身体慢悠悠地在海中前进。在紧急情况下，它们才会通过一组单独的肌肉迅速启动，启动后的速度可以达到它们的主要猎物海蝴蝶[2]的两倍。海蝴蝶也是一类腹足类动物，它们保留了精致的透明外壳，并且也有一对特化为"翅膀"的足。似乎因为外壳的影响，海蝴蝶的速度和捕食效率都不如裸海蝶。它们主要以藻类和其他浮游生物等为食，是浮游生物和裸海蝶之间的食物链上的关键一环。

▼ 裸海蝶生活在寒带和温带的海洋中，通常分布在海平面到约600米深的区域，但也有裸海蝶在1805米深处被观察和记录到。裸海蝶的体形较小，长度仅为5厘米左右。

---

[1] 冰藻并不是一个物种，而是指生长在常年或多年冰封的海域及陆冰区域的藻类。冰藻对极地海洋中海冰的初级生产起着重要的作用。在缺乏光照、有冰层覆盖的季节，冰藻暴发生长形成的水华对处于高营养级的消费者极为重要。冰藻通常集中在冰层底部，有时也出现在存在融冰的池塘中，甚至地面上。 淡水中也存在冰藻，但淡水中的冰藻物种组成常常与海洋冰藻的大不相同。——译者注

[2] 海蝴蝶和裸海蝶都是腹足类软体动物，同属翼足目，而且正是翼足目两个大类的代表。海蝴蝶的外壳为几乎透明的薄壳，它们为有壳翼足类；裸海蝶的外壳完全退化，它们为裸翼足类。此外，裸海蝶是比较专一的捕食者，主要以海蝴蝶为食。——译者注

在体形、运动能力和行为方式等方面，裸海蝶和海蝴蝶密切相关，因为裸海蝶是捕食者，海蝴蝶是它们的猎物，所以这两种翼足动物似乎是协同演化的。海蝴蝶和它们的天敌裸海蝶一样，都只有在水温合适时才会出现。海蝴蝶喜欢冷水，在6月中旬水温超过2摄氏度后，就几乎看不到了。这也就意味着在海蝴蝶销声匿迹之前，裸海蝶必须把握住短暂的时间来进食、生长和繁殖。每发现一只海蝴蝶，裸海蝶都得拼尽全力，快速游动，追赶上猎物并将其捕杀。所以实际上，这些"天使"并非如它们的外表一般善良、仁慈。

一旦海蝴蝶进入了裸海蝶的攻击范围，裸海蝶的3对触手般的口锥就会从头部外翻出来，如烟花般散开并将海蝴蝶团团困住。随后，裸海蝶会用口锥转动海蝴蝶，将海蝴蝶外壳的开口对准自己的口器。然后，裸海蝶用成对排列的叉状几丁质弯钩，连同锉刀状的齿舌（或称为舌头的部位）将裸海蝶的软体部分刮出、吞下，最后将空壳丢弃。在三至四周的一个狩猎季里，一只裸海蝶就能捕食约500只海蝴蝶。这些食物最终以脂肪球的形式被裸海蝶储存起来，这样裸海蝶就可以禁食数月了。目前，没有人知道当海水变暖之后，裸海蝶和海蝴蝶究竟去哪儿了，但人们猜测，这两种喜欢低温环境的神奇生物也许循着本能下潜到更深、更寒冷的海域去了。

◀ 有的裸海蝶物种是伏击型捕食者，等待猎物经过时袭击；而有的裸海蝶物种则是主动型捕食者，会主动追击猎物（对页上图）。无论是伏击型捕食者还是主动型捕食者，它们都以相似的方式，即利用身体顶部的触手般的口锥抓住猎物（对页下图）。

▼ 裸海蝶的主要猎物是海蝴蝶。裸海蝶具有成对的、长有钩子的口锥，并且具有带状齿舌，可以将海蝴蝶的软体部分从外壳中取出。顺利的话，裸海蝶只需要2分钟就可以将一只海蝴蝶吃干抹净。

鱼中的射手

▶ 射水鱼向猎物喷射水柱（对页上图），其猎物可能是一只停落在水面上方的树枝上毫无防备的昆虫（对页下图）。昆虫一旦被击入水中，射水鱼就会在一瞬间将其吞下。

无论是在极地还是在热带，沿海的水域都像战场，上演着捕食者和猎物的军备竞赛，双方都想要占据上风。不过沿海水域也是安全的避风港，这道自然屏障可以保护生态系统以抵御来自远洋的威胁。珊瑚礁、管状多毛蠕虫和贻贝建造的生物礁、海草床、盐沼、沙丘和沙洲等，都是由风暴潮引起的暴风雨和沿海洪水等灾难来袭时的重要缓冲区。这些自然屏障能够有效地减缓海浪和风暴的冲击，保护海岸线免受侵蚀。守卫热带低洼地最为有效的天然防波堤就是我们所熟知的红树林。红树林能够在海洋和陆地之间形成一道物理屏障，其盘综错杂的植物根系能吸收巨浪的能量，保护海岸，而且可以为无数脆弱的生命提供庇护。射水鱼是红树林所庇护的一种典型生物。

▼ 一条缺乏经验的年幼射水鱼在锻炼自己的喷射技巧，它在一旁认真观察，潜心向前辈学习。有时，它还会尝试将前辈的射击目标当作自己的瞄准点来练习，以便学习如何更准确地击中目标。

在印度尼西亚的红树林间，射水鱼会在海面下巡逻，搜寻悬垂的树枝上的昆虫和蜘蛛等小动物。一旦发现并瞄准目标，射水鱼就会从嘴里喷出一股水柱，试图将目标击落在水中。这种捕食方式非常巧妙，射水鱼不仅需要眼和脑配合克服光线折射时产生的偏差来准确定位猎物的位置，更需要用水柱精准击中目标。就算目标距离水面两米之遥，射水鱼也往往一击必中，而且在短短的十分之一秒内，它们就能迅速冲到猎物将要落入水中的位置，在其他竞争者反应过来之前将猎物一口吞下。

射水鱼喷射水柱时依靠眼睛的转动来提高成功率。它们会转动眼睛，使得图像能够落在其视网膜高度敏感的区域。这样，它们就能瞄准45度至110度范围内的猎物（不过射水鱼的最佳瞄准角度为75度）。此外，射水鱼还能估算重力带来的误差。因为地球引力的作用，射水鱼喷射出的水流并非一条直线，而是一条曲线。假如射水鱼的目标距离水面10厘米，那么喷水误差就可能在零和两厘米之间。误差还取决于喷水的角度。目标越高，误差就越大。即便如此，射水鱼也能准确估算误差，以确保击中目标。不过偶有失手，射水鱼便会寻找下一个目标，蓄力，再次喷射！

射水鱼的喷射技巧其实非常复杂。在喷射时，射水鱼的嘴唇伸出水面，下唇伸得比上唇更长。它们利用舌头和上颚上的一道凹槽形成一根狭窄的管子，然后迅速用力收紧鳃盖，嘴里的水就会顺着管子犹如子弹一般喷射出去，形成一根水柱。由于表面张力，水柱会断裂成一个个水珠，后方的水珠的速度比前方的水珠的速度更快。水流离开射水鱼的嘴巴后会持续加速，后方的水珠不断地往前挤，最终大量的水珠在水流的前端形成一个大水珠。更大的水珠就意味着更大的力量

▼ 射水鱼和鱵科的一些种类共享一片水域。鱵科鱼类在英文中称为"halfbeak"，这一名字源于它们的颌部的形状——上颌短，呈三角形，下颌长而薄，就像一支利箭。当射水鱼喷水捕猎时，眼睛长在头顶的鱵科鱼类就在一旁伺机而动，上颌活动，下颌不动。它们随时准备抢夺被射水鱼击落在水中的猎物。

和射击面积。这样，水流就能在确保准确度的同时具有更大的力量，将猎物击落。射水鱼甚至会根据自己与目标的距离来调整喷出的水量，以确保大水珠在水流前端形成的时机恰好是它们击中目标的时候，避免水流以喷雾的形式消散，徒劳一场。这是动物使用工具的一个典型案例，而且射水鱼不是在简单地使用水，而是改变和塑造了水的形态来为自己所用。

　　刚开始尝试时，年幼的射水鱼的命中率并不高，它们必须不断磨砺喷射技能。即使偶尔射中目标，它们也可能因为动作缓慢，竞争不过其他射水鱼而不能真正吃到猎物。它们通常会自发地组成一支小分队，相互观摩，相互学习。这种社会学习的形式也能让它们进行假想锻炼，它们可以将队友进行练习时的射击特征映射到自己的脑海中，并根据自己的位置以及目标的坐标来调整角度和距离，进行模拟射击。它们还非常擅长击中快速移动的目标，例如在空中飞行的小动物，甚至是在枝叶间穿行的小型蜥蜴。当猎物距离水面不远时，只要条件允许，它们就会跃出水面，张嘴直接把猎物吞下。射水鱼完美地解决了运动、重力、光线和流体等因素带来的一系列问题，在鱼类中属于非常聪明的类群。

去捕鱼吧

北美洲西北部邻近太平洋，茂密的温带雨林一直延伸到海岸。在阳光明媚的海岸和森林边缘的交界处生活着一种蛇，这是一种相对常见的蛇，广布于从加拿大到墨西哥下加利福尼亚州的整个西海岸。然而，这种看似普通的蛇演化出了一种非常奇特的捕食行为。

这种蛇就是流浪束带蛇[1]（*Thamnophis elegans vagrans*），其体形相对较小，长度为50～100厘米，体表呈深灰色。束带蛇属（*Thamnophis*）物种往往上百条聚集在同一地点进行冬眠，场面颇为壮观，该属物种也因此而闻名，但这一画面对于有密集恐惧症的人来说是噩梦般的存在。沿海地区的束带蛇也有聚集冬眠的习性，只是到了春季，它们会根据潮汐和日照长度，选择合适的时机离开冬季庇护所，前往海洋。不论你信不信，它们中的一些（如流浪束带蛇）还会捕鱼！

海水的温度很低，有时甚至低于14摄氏度，因此流浪束带蛇在捕猎之前需要先让自己暖和起来。流浪束带蛇是一种冷血动物（严格来说是变温动物），其内部温度受到外部环境温度的影响。流浪束带蛇必须通过晒太阳等方式才能提高体温，所以它们在气温回升时才比较活跃。天气太热的时候，它们也会待在树荫下乘凉。

---

[1] 流浪束带蛇是北美洲西海岸束带蛇的一个亚种。——译者注

等体温升高到合适的温度时，流浪束带蛇就会移动到海边。它们会先伸出舌头，探探空气的温度，再试试水温，然后进入浅水区，缓慢移动。和陆地上的蛇一样，它们会来回伸缩舌头，探测海水中的化学信号，尤其是来自猎物的化学信号。它们在水下悠然潜行，寻找猎物，定期浮出水面呼吸新鲜空气。一旦捕捉到猎物的信号，它们就会立即加速，在岩石或海草间搜寻猎物，逮到猎物后上岸享用或直接在水中将其整个吞下，然后稍作休整，再出发去寻找下一个目标。有时捕猎不太顺利，它们就不得不长时间待在寒冷的水中，但体温的大幅下降对它们来说非常麻烦，甚至有被淹死的风险。

虽然冒着危险，但是流浪束带蛇常常在浅滩中搜寻，企图从沿海的巨石下找到食物，如杜父鱼和鳉鱼等近海常见鱼类。在捕食间隙，流浪束带蛇会上岸晒晒太阳，获取热量，暖暖身体，顺便消化掉吞下的猎物。它们无疑是非常成功的捕鱼者。在北美洲西北部的一些地区，阳光充沛，流浪束带蛇的体长甚至可以达到90厘米，算得上加拿大不列颠哥伦比亚省体形最大的束带蛇了。

当夜幕降临后，无论身在何处，流浪束带蛇都会停止捕食，返回到夜间的栖息地。由于白天长时间待在冷水中，它们的动作变得迟钝，因此很容易受到雕、鹭和美洲水貂（*Neogale vison*）等天敌的袭击。所以，它们必须尽快回到安全之处。

▼ 这条流浪束带蛇成功地抓到了一条鱼，但反常的是它先吞食鱼尾。这很可能是因为它是在鱼逃跑时得手的。大部分流浪束带蛇会确保鱼头先进入喉咙，这样鱼身上的鳞片就不容易卡在喉咙里，而这里是个例外。

巨鲸育幼场

　　海岸无疑是由强大的自然之力塑造而成的，虽然这些力量具有一定的破坏性，但海岸仍旧是难得的庇护所，尤其是对于一些长途跋涉的漂泊者来说，海岸更是无可替代的。在位于阿根廷的大西洋海岸，瓦尔德斯半岛通过卡洛斯·阿梅吉诺地峡与巴塔哥尼亚相连。该地峡还分隔了两个几乎封闭的大海湾——新湾和圣何塞湾，这两个海湾都被沙滩所包围。每年6月至8月，南露脊鲸都会从遥远、寒冷的南方海域到此交配和产崽。海湾是相对独立的地方，浅滩处的海水呈蓝绿色，水温比远洋的略高，因此对刚出生的幼崽来说更为温和。

　　当分娩和哺育幼崽时，南露脊鲸妈妈通常会在海湾的浅水区域徘徊，5米左右的水深是比较合适的。妈妈会带着幼崽持续游动。比起成年个体，南露脊鲸幼

崽的肌肉组织更多，而脂肪更少，因此幼崽受到的浮力较小，假如停止游动，幼崽就很可能会下沉。幼崽的胸鳍就像翅膀一样，它们只要不断向前游动就能浮到海面上进行呼吸。另外，通过运动，幼崽体内肌肉中的肌红蛋白数量就能增加，这样每呼吸一次，它们就能在水中待得更久。幼崽通过头部和背部上方凸起处像通气管一样的气孔进行呼吸。浮到水面时，幼崽会猛地抬头摆出一副"呼吸"的样子，在波涛汹涌的海域中这一动作会更加夸张，就像幼崽在南露脊鲸妈妈身旁爆炸了一样。持续游动的第三个作用是躲避捕食者。只有不断锻炼、增强肌肉，幼崽才能在面对虎鲸（*Orcinus orca*）等捕食者时快速逃跑。有的南露脊鲸幼崽胸鳍上的那一道道平行的伤痕就是它们被虎鲸追捕、咬伤后留下的。科学家还目睹过虎鲸袭击成年的南露脊鲸。

▼ 独特的 V 形水柱表明这是一种露脊鲸，实际上这是一头雌性南露脊鲸和它的宝宝。雌性南露脊鲸的体长可达 15 米，体重可达 47 吨。

▶ 露脊鲸的识别特征是分布在其上颌和下颌等部位的不规则的白色硬质增生组织，也就是硬茧。这些白色硬茧的形成并不是色素导致的，而是成片的鲸虱所造成的。与北方的露脊鲸亲戚相比，南露脊鲸的下颌上有更多的硬茧。每头南露脊鲸身上的硬茧所形成的图案都是独一无二的，就像人类的指纹一样，所以无论身处何处，南露脊鲸都可以被准确地识别出来（图①和图②）。南露脊鲸幼崽也有独特的硬茧图案（图③），它们会和妈妈一起生活一年左右。幼崽很容易下沉，所以妈妈有时需要垫在下面防止其下沉（图④和图⑤）。

虎鲸会在海岸附近的水域巡逻，也有一些虎鲸时常进入浅滩捕食栖息在沙滩上的海狗和象海豹。通常人们认为，海湾的物理结构和海浪的拍打能掩盖南露脊鲸妈妈和幼崽的叫声，尤其是南露脊鲸妈妈们的交谈声。但虎鲸仍毫无畏惧地进入了浅滩，将虚弱的南露脊鲸赶到海岸边。南露脊鲸也没有坐以待毙，而是奋起反击，用尾巴猛烈地拍击着海面，试图震慑虎鲸。

南露脊鲸面临的最棘手的问题是体形比虎鲸小得多的海鸥。南露脊鲸浮到海面小憩或呼吸时，背部会暴露在空气中，而在当地海鸥眼中，南露脊鲸脆弱的皮肤之下隐藏着美味多汁、富含能量的鲸脂[1]大餐。就像希契科克在《群鸟》[2]中刻画的场景一般，海鸥纷纷降落在南露脊鲸妈妈和幼崽身上，然后疯狂地啄它们的背，撕扯它们的皮肤，取食其脂肪，南露脊鲸因此遍体鳞伤。近年来，海鸥啄食南露脊鲸的现象越来越普遍，因为海湾附近的城市垃圾供养了越来越多的黑背鸥（Larus dominicanus）在此繁衍生息。1970年，只有2%的南露脊鲸背部有被海鸥啄食的伤口记录，而如今这一比例已经高达99%了。毫无疑问，这对南露脊鲸来说很糟糕，甚至是非常痛苦的，让它们的生存变得更加艰难。不过南露脊鲸也并非束手无策，它们通过一些措施来减少被海鸥攻击的次数，例如在呼吸或者休息时，把身体倾斜，弯曲成拱形，仅将头部露出海面。

在南露脊鲸中，另一个值得注意而又似乎不太重要的特殊行为是"尾航"。它们会将尾巴举起，让其垂直倒立在空中，迎着吹拂而来的风，穿过海湾，就像帆船航行一样。它们这样做的具体原因还不清楚，但科学家猜测这一行为和南露脊鲸调节体温有关，或者仅仅是为了好玩吧。

虽然玩耍会消耗掉很多能量，但南露脊鲸幼崽还是非常喜欢玩耍的。它们在妈妈身旁欢快地打转、翻滚，不过练习的这些动作在日后总会派上用场，而且随着年龄的增长，幼崽的动作也更加多样化。在向南迁徙之前，妈妈总是和幼崽形影不离，保持着密切的联系。妈妈在旁还为幼崽提供了一定的升力。其实，它们正在这片浅海为不久后的漫长旅行进行预演呢。

幼崽在出生后的大约14个月内都和妈妈待在一起，这意味着它们也将跟随妈妈前往巴塔哥尼亚南部或南极洲附近的觅食地。有些幼崽还会在次年陪伴妈妈重新回到这片海湾繁殖地。但是在这之前，它们必须断奶。一岁多的小家伙不能继续当妈妈的小尾巴了，它们要离开妈妈，独自去探索广阔的世界。

---

[1] 鲸脂专指从鲸身上提取的脂肪，含有大量的甘油。脂肪对于鲸来说非常重要，可以帮助它们控制浮力，保持体内温度和储存热量。露脊鲸的脂肪是所有鲸中最厚的。——译者注

[2] 《群鸟》（The Birds）是由阿尔弗雷德·希契科克执导的电影，电影中一个原本生活平静的小镇遭受海鸥袭击，居民因此受伤，严重者甚至死亡。整个小镇陷入被群鸟疯狂攻击的灾难之中，人们恐惧甚至崩溃，都想要赶快逃离那个恐怖的地方。——译者注

海龟的聚会

▲ 研究海龟的科学家可以凭借海龟留下的痕迹，判断出是哪种海龟正在筑巢。例如，雷恩岛上的绿海龟以同时移动前肢和后肢的方式爬行，类似蝴蝶飞行时前、后翅同时扇动，所以会在沙滩上留下两条平行的轨迹（图①）。它们的尾巴很长，所以在两条轨迹之间还有一条明显的拖痕。

　　海岸既可能充满危险，也可能是温馨的家园，但无法回避的现实是，由于人类的干涉，海岸这一栖息地正在发生翻天覆地的变化。当气候变化导致海平面上升时，离海越近的地方越容易受到影响。根据美国国家海洋和大气管理局（National Oceanic and Atmospheric Administration, NOAA）的统计数据，自1880年以来，全球海平面上升了21～24厘米；2021年，全球海平面再创历史新高，比1993年高出了9.7厘米。海平面的上升速度越来越快，现在全球海平面的上升速度比20世纪的1.4毫米/年快了一倍。在2006年到2015年之间，海平面的上升速度达到了3.6毫米/年。即使温室气体排放量在接下来的数十年内降低到比较低的水平，到21世纪末，全球平均海平面还是会比2000年至少高出30厘米。这意味着对于人类和野生生物来说，沿海地区的可生存空间会不断受到压缩。一些海洋动物现在上岸产卵、繁殖的地方，未来可能会变成一片汪洋。

　　绿海龟（Chelonia mydas）会频繁地往返于陆地和海洋之间。雷恩岛是澳大利亚海岸边的一个珊瑚礁岛，位于大堡礁的边缘，也是世界上最大的绿海龟栖息地。绿海龟从北边和西北边的印度尼西亚东部以及新喀里多尼亚等地游弋数千千米而来，有时甚至需要花费一整年时间。在种群密度较高的繁殖季节，雷恩岛上的绿海龟多达131000只，而通常情况下每年约有60000只绿海龟到此产卵。每晚，雌性绿海龟都会如潮水般涌上海岸。在仅80米宽的沙滩上，每只绿海龟一窝最多可以产下100枚卵，而且它们会在同一个繁殖季节多次上岸产卵。不过这对绿海龟

来说绝非易事，有时甚至需要以付出生命为代价。

　　一旦雌性绿海龟离开海洋，海水就不能再支撑它们的体重，这时自身体重就会压迫肺部，导致绿海龟呼吸困难。沙地和岩石交错的海岸并非一片坦途，雌性绿海龟需要花费一番功夫才能穿过起伏的海岸抵达能够产卵的沙滩。但是在找到合适的筑巢地点之前，第二个难题——交通堵塞出现了。

　　数百只行动缓慢的雌性绿海龟同时在一片沙滩上爬行，想要找块空地都不太容易。它们也许还会不紧不慢地"讨价还价"一番，整晚都在寻觅最佳的筑巢地点（不能太干燥，以免巢穴坍塌；但也不能太湿，否则卵可能会缺氧）。在一片拥挤和混乱中，那些后到者可能还会将前行者的卵给挖出来，或者最终不得不匆匆在堆满鸟粪的岩架上筑巢。当太阳升起后，如果雌性绿海龟距离海洋较远，其处境就非常不妙了，毕竟归途充满危险。道路崎岖坎坷，稍有不慎，它们就会从"悬崖"上掉下去。如果背部朝下翻倒在地上，它们就很难重新爬起来了。有的雌性绿海龟因为想要躲躲太阳而被卡在岩石的裂缝间，只有涨潮时才能获救。退潮时，雌性绿海龟会在浅滩上等待，一半泡在海水中，一半露在水面上，等待涨潮。另一个威胁来自在附近徘徊的乌翅真鲨（*Carcharhinus melanopterus*）。虽然对健康的绿海龟来说，乌翅真鲨并不可怕，但是此时刚产完卵，身体虚弱、行动缓慢的绿海龟很容易成为乌翅真鲨的盘中餐。

▲ 在繁殖季节的高峰期，雷恩岛上绿海龟筑巢的沙滩就像战场一般。沙滩上遍布绿海龟的巢穴，那些先行者的巢穴往往被后来者挖开，巢中的卵也不可避免地遭到破坏（图②）。

▲ 当绿海龟返回大海时，它们可能会被困在礁石的裂缝中（图③）。如果它们使出浑身解数还是无法脱身，就有可能会被灼热的正午阳光夺去生命，最终长眠于此。

▲ 数以万计的雌性绿海龟抵达雷恩岛，在这里的沙滩上筑巢产卵。这是迄今为止人类发现的世界上规模最大的绿海龟自然繁殖地，因此雷恩岛的保护对绿海龟种群的生存来说至关重要。

对于那些被困在潮汐线上或精疲力竭而无力再动弹的绿海龟来说，还有一种危险——鼬鲨（*Galeocerdo cuvier*）正等待着它们。鼬鲨潜伏在近海，并不会主动攻击从身旁游过的健康绿海龟，而是紧盯着那些已经死去和正在垂死挣扎的绿海龟。因为对鼬鲨来说，食腐能够节省能量，也比追逐绿海龟更安全。在某些年份里，它们仿佛来到了"海洋自助餐厅"，仅一个晚上就可能有80只绿海龟死去，而整个繁殖季节死去的绿海龟可能多达2000只。这些"美味的尸体"在涨潮时随着波浪返回海洋，引发鼬鲨疯狂捕食。

科学家在雷恩岛上发现了一个令人震惊的现象：孵化出来的绿海龟中几乎99%都是雌性。在过去20年，几乎所有雌性绿海龟都出生在世界上最重要的这片

　　繁殖地。全球气候变化导致雷恩岛的气温升高，而绿海龟的性别由产卵地沙子的温度所决定。沙子温度在27.7摄氏度以下时，孵化出的绿海龟为雄性；当温度高于31摄氏度时为雌性；温度在27.7摄氏度和31摄氏度之间时，则雌雄均有可能。研究还表明，绿海龟根本无法适应全球变暖。可以预计，在不久的将来，孵化出来的绿海龟可能都是雌性，这对绿海龟这一物种的繁衍和生存来说都将是致命的。假如这还不够致命，还有另一个坏消息：雷恩岛本身也岌岌可危。

　　冰盖和冰川的融化速度越来越快，海平面已经升高了。如果情况持续恶化，雷恩岛上的绿海龟繁殖地很快就会被淹没，还未孵化的海龟卵会因为缺氧而失活，沙滩上的沙子会被海水卷走，绿海龟将无处产卵。

火烈鸟之舞

　　海平面升高正影响着另一种海岸访客——火烈鸟的生存。在我们的印象中，野生动物纪录片里的火烈鸟往往栖息在湖泊中，例如东非大裂谷中的湖泊和安第斯的高原湖泊。火烈鸟通常在湖泊中觅食、繁殖，但其实它们也时常到访世界各地的一些海岸。位于墨西哥尤卡坦半岛的里奥拉加托斯拥有众多海岸潟湖[1]，这些潟湖有的是天然形成的，有的是人类采盐而遗留下的，属于人工潟湖。这儿栖

▼ 选择在墨西哥尤卡坦半岛筑巢的火烈鸟如履薄冰，它们的巢穴几乎与海平面平齐。如果遇上坏天气（实际上这时常发生），它们的新生一代就可能遭受灭顶之灾。

---

[1] 潟（xì）湖指的是被沙嘴、沙坝或珊瑚分割而与外海相分离的局部海水水域。潟是指海边咸水浸渍的土地，湖是指封闭的水域。"潟湖"一词在历史上曾一度被写为"泻（xiè）湖"（如1983年版《现代汉语词典》第1276页），但现在已被重新规范为"潟湖"。——译者注

息的是美洲火烈鸟[1]（*Phoenicopterus ruber*，也称为加勒比海红鹳），一种与旧大陆的大红鹳（*Phoenicopterus roseus*）的亲缘关系较近的大型火烈鸟。

---

[1] 火烈鸟为俗名，其正式中文名应该是"红鹳"，不过在许多语言中，火烈鸟的名字都直接来自表示"火焰"的词语。英语中的"flamingo"来自西班牙语中的"flamenco"或葡萄牙语中的"flamingo"（意为"火烈鸟"），这两个单词又可以进一步追溯到拉丁语中的"flamma"（意为"火焰"）。这些都说明火烈鸟正是由于其羽毛的颜色而得名的。"火烈鸟"这一名称更为直观形象，也更广为人知，故在翻译时采用"火烈鸟"而非"红鹳"，在此特作说明，以免读者产生混淆、疑惑。
——译者注

美洲火烈鸟的腿比大部分鸟的长，这使得它们在浅海区不惧涉水；脚蹼也更大，这让它们在觅食时能够不受底部沉积物的阻碍。

美洲火烈鸟选择潟湖作为筑巢地点可能是因为这里的地势相对平坦，这样它们可以毫无遮挡地观察周围环境，即使有捕食者偷偷来袭，也老远就被发现了。美洲豹（*Panthera onca*）、长尾虎猫（*Leopardus wiedii*）、浣熊（*Procyon lotor*）、灰狐（*Urocyon cinereoargenteus*）、危地马拉鳄（*Crocodylus moreletii*）和美洲鳄（*Crocodylus acutus*）等动物都会在这里捕猎，因此美洲火烈鸟必须时刻保持警惕。高盐度的潟湖对大部分动物来说是有害的，因此这里成了美洲火烈鸟的天然护城河，而且潟湖能为它们提供充足的食物。这么看来，在此筑巢真是一举多得了。它们不会在潟湖的表层水中觅食，而是将喙伸到水下从底部的沉积物中获取食物。当一个潟湖的食物被耗尽时，它们就会去往下一个。不过，它们偶尔也去别的地方饮用淡水和清洁羽毛。

成千上万对美洲火烈鸟来这里的潟湖繁殖。一开始，那些缺乏经验的年轻夫妇可能会受到排挤，这时它们就不得不通过武力来争夺更好的筑巢地点了。最好的筑巢地点往往位于整个繁殖地中心比较突出的位置，可以保护巢穴免受涨潮的影响，而涨潮往往是致命的。

每对美洲火烈鸟都会用咸泥巴筑起一个超高的巢穴，这样它们产下的灰白色卵以及破壳而出的灰色幼鸟都能远离水面，减小被淹死的风险。有时，美洲火烈鸟不同家庭之间会相互抢夺筑巢材料。但麻烦的是，美洲火烈鸟的筑巢期刚好与墨西哥的飓风季节重叠，飓风会导致风暴潮。此时，选择在平坦的地方筑巢就从一种优势变成了一件要命的事。沙丘等屏障根本抵挡不住被风卷起的汹涌波浪，海水轻易就淹没了它们的巢穴。还未孵化的卵和溺水的幼鸟四处散落，黑头美洲鹫（*Coragyps atratus*）和红喉巨隼（*Ibycter americanus*）闻讯而来，对这些可怜的小家伙虎视眈眈。美洲火烈鸟夫妇则焦急地寻找它们的宝宝，如果足够幸运，它们听到了幼鸟的呼唤，一家子还有可能团聚；否则，它们就只能放弃巢穴，今年的繁殖宣告失败，只好来年再试。不幸的是，墨西哥飓风来临的时间越来越早，规模也越来越大。

美洲火烈鸟已经习惯了这儿的风暴每年都会来上几次。每次，它们的繁殖地都会遭受重创，甚至是毁灭性的重创。但是在过去，风暴来得比它们的繁殖季节更晚一些，幼鸟就会有足够的时间长大，直到它们的腿够长了，能够在洪水中独自行走。此时，绒羽已经被换下，新的羽毛也能防水了。这样，美洲火烈鸟一家大概率能安然度过风暴。可是现在风暴变得难以预测，来得越来越早，幼鸟还没来得及长大，仍然十分依赖巢穴。残酷的飓风有可能将在整个繁殖季节出生的幼鸟一网打尽。风暴频率和强度的增加对尤卡坦半岛上美洲火烈鸟种群的影响具体如何，还需要科学家长期跟踪和研究。

这些风暴也威胁着生活在沿海低洼地带的居民。飓风和其他强劲的风暴将浪潮推向海岸，这些浪潮往往比普通的要高出数米。风暴潮涌向城市和村庄，这些地方就这样被海水淹没了。比起风暴本身，风暴潮会引起更加可怕的灾难，威胁人们的生命和财产安全。鸟类学家在尤卡坦半岛上观察到的美洲火烈鸟所遭受的灾难，可能是地球上其他地方的人类和动物所遭受的灾难的一个缩影。

◀ 风暴威胁着美洲火烈鸟的生存，狂风暴雨可能会打湿幼鸟的绒毛，海水上升可能会淹没整个繁殖地。美洲火烈鸟夫妇只能无奈地放弃巢穴，今年的繁殖季节注定一无所获。尽管如此，它们还是会在来年归来。只要天气晴朗，繁殖地很快就会变得生机勃勃，恢复往日的辉煌。

第 2 章

极 端 之 地

　　地球上的很多地方偏僻而危险，不仅人类难以到达，对野生动物来说也非常残酷，但是这些环境中仍有生命存在。从险峻的高山到地下深处，从极寒的苔原到炽热的沙漠，生物之间的竞争没有那么激烈，而一些植物和动物能够适应其他生物无法适应的这些极端环境。为此，它们必须寻求在最恶劣的生境下生存的独门秘技。数百万年来，这些极端环境中的勇敢者将"最厉害"的性状传递给后代。一代又一代过后，这些生物就越来越能够适应恶劣的环境。

　　然而，现在自然环境中出现了一个新成员——人类。人类以前所未有的方式在一定程度上破坏和重新塑造了地球，创造出了一些新的极端环境，如采矿遗留下的化学荒地、工业废水和下水道污水所污染的水道、植物的单一种植区、动物的大规模单一养殖场，以及人造温室气体排放引起全球气候变化而造成的重灾区等。这些人造极端环境对大部分生物来说是禁区，哪怕对那些适应性强、生态幅较大的生物来说也是不小的挑战。

　　可是情况真的只会越来越糟吗？近年来，动植物野化和再生农业频频受到关注。假如我们投入更多的精力，付诸实践，其实这些人造极端环境是有可能得到控制或者改良的。尽管人类活动对环境造成了负面影响，导致野生生物难以适从，但是人们开始重视和真正采取行动去扭转这一态势，那些已经适应了自然极端环境的野生生物还有机会学习在人造极端环境中寻求出路。

◀ 小象正处于气候变化和干旱来袭的时代。和那些经验丰富的象妈妈的幼崽相比，年轻雌象的宝宝可能更容易屈服于这样的极端环境。

寒风中的北极狼

▶ 北极狼是灰狼的白毛亚种，主要分布于加拿大和格陵兰岛的北极高地苔原，终生都在树线以北度过。这里已经是陆地动物生活的最极端的环境之一了。

埃尔斯米尔岛是距离地理北极[1]最近的陆地之一，而哥伦比亚角位于该岛的最北端，它是格陵兰岛以外世界上最北端的陆地点，距离北极769千米。埃尔斯米尔岛算得上地球上最恶劣的生境之一，冬至的气温低至零下55摄氏度。这一温度由尤里卡气象站（地球上最北也是最冷的人类居住地）所记录。每年11月到次年2月，该岛都处于完全的黑暗当中。在这漫长、似乎永无止境的极夜里，太阳不会出现在地平线以上。埃尔斯米尔岛上的大部分区域被冰雪所覆盖，刺骨的寒风吹彻大地。虽然暴风雪随时可能来袭，但降雪量并不大，这里就是典型的极地沙漠。但是到了夏季，岛上又会经历极昼，日照时间长达24小时，大部分区域干涸了，就像炙热的沙漠。尽管气候如此恶劣，尽管在苔原上几乎无处藏身，但是这里还是生活着一些野生生物，它们无所畏惧地在这片极端之地自由呼吸。

埃尔斯米尔岛的两种标志性物种分别为北极狼（*Canis lupus arctos*）和麝牛（*Ovibos moschatus*），它们都无情而果敢，在此携手上演着精彩而血腥的"极地双人舞"。有时是捕食者（北极狼）占据上风，有时是猎物（麝牛）略胜一筹。相似的是，二者都具有在这严寒而干燥、极昼极夜交替的极端环境中生存的强大本领。它们都能抵御寒冷，北极狼具有厚实的双层毛发，麝牛拥有两层几乎垂到地面的浓密毛发。它们对生存策略的运用巧妙而熟练，麝牛想尽办法保全性命，北极狼则不择手段，只为饱餐一顿。

---

[1] 地球是一个两极稍扁而赤道略鼓的不规则椭球体，自西向东旋转。地理北极是经线（子午线）在北方会合的地方，位于北冰洋的中部。我们平时所说的北极多数是指地理北极，又叫"真北"。容易与之混淆的是地磁北极，后者位于地理北极以南约500千米处，即埃尔斯米尔岛附近。地磁北极是地球上所有指南针所指向的北端，是地球磁场的焦点，地球北部的磁力线从这个点进入地球。由于地球磁场的变动，这个位置不是固定的，而是处于不断移动的过程中。——译者注

在埃尔斯米尔岛，麝牛是北极狼最主要的食物来源。此外，北极狼也捕食驯鹿（*Rangifer tarandus*）和北极兔（*Lepus arcticus*）。当食物匮乏时，它们还会到岛上的军事基地和气象站的垃圾堆中觅食。

麝牛的体形不算大，肩高一般不超过1.5米，但它们是一种非常强悍的动物，其前额上凸起的厚实的角座上延伸出一对长角，沿着头部两侧弯曲成弧形，角尖向上，坚硬无比，是防卫的有力武器。麝牛就算只是用角轻轻一顶，北极狼恐怕也无力招架。当敌人来袭时，麝牛会采用堡垒式的防御阵形，将年幼和体弱的个体围在群体中间，强壮的成年麝牛则头朝外用犄角对抗捕食者，这时就连北极狼群也很难占到便宜。

面对麝牛铸起的铜墙铁壁，北极狼并非束手无策，而是时刻寻找麝牛群的弱点和突破口。它们尽量引起麝牛的注意，引诱麝牛踩踏、进攻，将麝牛群分隔开，直到出现落单的麝牛。这时，北极狼就会毫不留情地开始攻击。它们必须当心麝牛的犄角和蹄子，一旦被顶中或踢中，它们的下巴就可能脱臼或受伤，然后它们便无法进食，最后只能被活活饿死。

▼ 在埃尔斯米尔岛的北极苔原上，北极狼必须时刻做好在任何天气条件下捕食的准备。它们的身形比灰狼更为紧凑，耳朵更小，口鼻更短，这些适应性特征使得它们能在极寒的环境中保持体温。

对北极狼和麝牛来说，一年中的春夏两季非常关键。这时，万物复苏，禾草和苔藓等植物开始生长，麝牛可以比较容易地获取食物，其幼崽自然就成了北极狼的主要捕食对象。北极狼也迎来了一年一度的繁殖季节，但只有头狼夫妻才有繁殖的权利，而且它们只有6月至8月这短短的3个月来完成这一重任。在此期间，北极狼需要教会幼崽在恶劣的气候下生存的本领，将刚出生时看不见、听不到、无法爬行、十分脆弱的幼崽抚养成健康强壮的幼狼，让幼狼至少在冬天来临之前可以与狼群一起驰骋。

与其他地方的狼群相比，北极狼群的规模往往较小，由一对终生待在一起的北极狼夫妻及其后代组成。对于北极狼群来说，主导性的雌狼是最为核心的成员，它的寿命通常是最长的，经历和经验也最为丰富。在遇到突发状况时，它总是知道如何应对。

◀ 北极狼对严酷环境中的新鲜事物很感兴趣，它们正在凑近伪装好的摄像机镜头，好奇地打量着。

高山上的冰雪林蛙

　　靠近两极的地方无疑非常寒冷，但是这并不是地球上唯一拥有如此极端的气候条件的地方。只要向上走，向高山上走，尤其是到了山顶斜坡，环境就会跟南、北极一样寒冷而贫瘠。而在这样的环境中生活着一类你意想不到的动物——蛙类。其实，欧洲池塘中常见的一些蛙类同时也是山地物种。其中，海拔分布范围较为广泛的当数欧洲林蛙（*Rana temporaria*），从海平面到阿尔卑斯山脉和比利牛斯山脉上海拔高达3000米的冰川湖泊都能见到其身影。只要有足够的流动水源和时间让欧洲林蛙的卵孵化，蝌蚪发育为成蛙后离开湖泊，那么欧洲林蛙就会开始它们的求偶活动。

不过高海拔地区的欧洲林蛙比低海拔地区的欧洲林蛙拥有更大的卵，这让它们的后代赢在了起跑线上。高海拔地区的空气更加稀薄，紫外线更加强烈，因此它们的卵和蝌蚪都对强烈紫外线造成的DNA损伤具有一定的抵抗力，而且它们生长得更缓慢，寿命更长，体形也更大。不过，高山上的欧洲林蛙的冬眠时间比它们的低地亲戚的冬眠时间（3~4个月）更久，长达6~8个月。冬至，海边的一些欧洲林蛙可能还处于性活跃状态，高山上的欧洲林蛙就已经陷入沉睡之中，这也意味着它们的繁殖期更为短暂。

▼ 这只蛙看起来像是高山冰雪中的特有种，其实它就是广泛分布于整个欧洲地区的欧洲林蛙，和欧洲人平时在池塘中看到的是同一种蛙。

▶ 一对正在抱对的欧洲林蛙，雄性前腿的第一个脚趾上有坚硬的隆起物，被称为"婚垫"，用于在交配时抱握住雌性光滑的皮肤。它们的当务之急是找到一个合适的池塘来产卵。

高海拔地区的欧洲林蛙的冬季栖息地往往在水中——只要不结冰，池塘和流动的溪流都可以。低海拔地区的欧洲林蛙的冬眠节律通常受到温度的影响，而高海拔地区的欧洲林蛙则依赖对自身生理节律的调控，在冰雪融化之前就开始活跃起来。高海拔地区的有些欧洲林蛙在蛰眠阶段[1]就开始抱对，即雄蛙会用前肢紧紧抱住雌蛙的腋下或胯部，从而在激烈的繁殖竞争中获得额外的一个月时间。不过，大部分雄性欧洲林蛙会等到冰雪融化、池塘形成后才会冲到池塘边去拦截雌蛙。由于雄蛙数量更多，所以大多数雄蛙的求爱通常会以失败告终，不过落单的雄蛙常常不死心，试图拆散那些已经处于抱对状态的情侣。这种极端之地留给它们繁殖的时间并不多，这是它们为了繁衍生息而与时间进行的一场疯狂的赛跑。

[1] 自然冬眠的动物在冬眠时会进入一个核心体温和代谢速率下降的阶段，这一状态称为蛰眠。蛰眠的诱因很多，包括环境因素（如寒冷、食物短缺、昼夜节律等）和自身因素（如饥饿、睡眠等）。在蛰眠时期，动物的体温最低可降至 3～5 摄氏度，基础代谢速率可以低至正常值的 1%～5%，且行为受到抑制，呈假死状态。但这种状态并不会一直持续，会被定期的"觉醒状态"（2～30 天，因物种而异）所打断。觉醒之后，动物体内的代谢速率与核心体温均迅速回升，以确保一些关键的生理功能不受损害。周期性的蛰眠－觉醒循环就组成了完整的冬眠过程。——译者注

蚁丘中的金肩鹦鹉

地球上的冰雪之地寒冷而贫瘠，对动物的生存能力是一种格外严峻的考验，而那些频发火灾的地方温度则高得惊人，那里的动物面临着全然不同的另一种挑战。为了应对高温、干燥，它们具有别样的生存本领。在澳大利亚昆士兰州的部分地区，过去人们每年会定期在野外进行焚烧，清除杂乱的灌木丛和疯长的互叶白千层（*Melaleuca alternifolia*），以便进出狩猎点。那些干枯的杂草在大火中被烧尽，但掉落的草籽被保留了下来，所以这种做法其实可以控制和减少可燃物，防止自然山火的蔓延。但是现在这种做法越来越少了，结果是不受控制的破坏性火灾和随之而来的高温越来越普遍。

人工焚烧的地方会遗留下很多种子，特别是那些需要火烧促进萌发的草籽，这对种子爱好者——濒临灭绝的金肩鹦鹉（*Psephotus chrysopterygius*）来说是好事一桩。虽然金肩鹦鹉也会从植物上获取种子，但它们更喜欢在焚烧过的地方觅食。那里散落着大量唾手可得的种子，它们以每分钟30～60次啄食的速度进食，每次外出都能美滋滋地饱餐一顿。因此，它们每天只需要觅食几小时，其余时间就可以躲藏在林间乘凉休憩。

为了避开一天中最炎热的时候，金肩鹦鹉通常在清晨比较活跃，但是这也让它们暴露在捕食者面前，如同样早起准备捕食的黑喉钟鹊（*Cracticus nigrogularis*）和黑背钟鹊（*Cracticus mentalis*）等。这两种钟鹊受益于野火引起的栖息地变化，数量激增，它们主要以昆虫等小型动物为食，但是偶尔也捕食金肩鹦鹉及其雏鸟。从前，在通过传统人工焚烧塑造的开阔栖息地上，黑眉燕鵙（*Artamus cinereus*）等鸟类更容易看到靠近的钟鹊并发出警报，金肩鹦鹉也就能够逃脱被捕食的命运。但是如今，缺少火烧的互叶白千层会形成茂密的灌木丛，阻挡黑眉燕鵙的视线。

金肩鹦鹉是终生坚守一夫一妻制的鸟类，双方相互照顾、相互扶持，共同抚养后代，收集种子喂养雏鸟。有时，前一窝的年轻雄性金肩鹦鹉也会回来帮忙。通常雨季快要结束时，白蚁丘潮湿松软，易于挖掘。此时，金肩鹦鹉会在其中挖掘隧道并筑巢。虽然金肩鹦鹉也会占据其他白蚁的巢穴，但是它们更倾向于选择黑冢白蚁（*Amitermes* spp.）圆锥形或女巫帽形的蚁丘。这些蚁丘的年龄往往可达30年以上，它们也就更为坚固和安全。不过为了防止寄生虫侵袭，用过的巢穴基本上会被废弃，金肩鹦鹉夫妇在每个繁殖季节都会重新筑巢。即便如此，它们还是有特定的鸟巢伙伴——蚁巢鹦鹉蛾（*Trisyntopa scatophaga*）[1]。蚁巢鹦鹉蛾的幼虫生活在金肩鹦鹉巢穴底部的丝网中，以雏鸟的排泄物为食，有助于维持鸟巢的清洁。

对金肩鹦鹉来说，在白蚁丘内筑巢还有诸多好处：巢穴内的温度不会随着外界温度的升高而升高，而是会保持凉爽，四五只雏鸟就像待在空调房中一样；当天敌高调来袭时，混凝土般的坚固堡垒能阻挡这些捕食者，保证雏鸟的安全。不过也有一些令它们防不胜防的入侵者。有人曾经观察到黄斑砂巨蜥（*Varanus panoptes panoptes*）将金肩鹦鹉一锅端了，还有黑背钟鹊和褐鹰（*Accipiter fasciatus*）也被记录过成功突破堡垒，捕食金肩鹦鹉的雏鸟。然而，这些捕食者也有让它们闻风丧胆、迅速撤退的东西，那就是火。

如今，闪电是导致当地火灾的主要因素。闪电引起的大火在风的助攻下，很快就席卷了整片灌木丛。陷入大火中的金肩鹦鹉夫妇必须赶紧逃跑，否则就要葬身火海，但躲藏在白蚁丘中的雏鸟和白蚁暂时安全。不过，白蚁丘究竟能够保护它们多久就不好说了。正如我们在世界各地看到和感受到的一样，在全球气候变化的背景下，天气越来越反常和极端，这里的火灾发生得更加频繁，也更具破坏性。火灾不仅威胁着金肩鹦鹉的食物供应，也让捕食者的行为变得异常。对于仅仅生存在澳大利亚的这一小片狭窄区域、本就濒危的金肩鹦鹉来说，这些变化或许是毁灭性的。尽管金肩鹦鹉和白蚁已经演化出了适应极端环境的生存策略，但

◀ 金肩鹦鹉夫妇都在寻找可食用的种子，将其带回来喂养巢穴内的雏鸟。巢穴位于一条短隧道的尽头，这是夫妇俩趁着雨天白蚁丘比较潮湿松软时一起挖掘出来的。

---

[1] 蚁巢鹦鹉蛾暂无正式中文学名，此名由其英文名 "antbed parrot moth" 直译而来。蚁巢鹦鹉蛾属于鳞翅目织蛾科鹦鹉蛾属（*Trisyntopa*），该属目前共发现有三个物种，它们均生活在不同鹦鹉的巢穴内。除了文中提到的蚁巢鹦鹉蛾外，*Trisyntopa euryspoda* 生活在澳东玫瑰鹦鹉（*Platycercus eximius*）和穆加鹦鹉（*Psephotus varius*）等的巢穴内，*Trisyntopa neossophila* 生活在黑冠鹦鹉（*Psephotellus dissimilis*）的巢穴内。——译者注

是在全球快速变暖的进程中，它们能否再加快步伐，适应越发极端的环境，还是一个未知数。

鸟类学家曾注意到，20世纪50年代，在约克半岛上的锡尔弗普莱恩斯，金肩鹦鹉遇到了麻烦。20世纪20年代之前，锡尔弗普莱恩斯的每个白蚁丘内几乎都有金肩鹦鹉筑巢，但是到了50年代末，茂密的林地取代了原来的草原，金肩鹦鹉消失了，白蚁也几乎绝迹。鸟类学家才开始意识到状况有多么糟糕。

环境保护者试图扭转这一趋势，他们挽救金肩鹦鹉的地点之一是阿特米斯站，该站位于汉恩河以北，北距约克角南部的科恩市约120千米。这里曾是金肩鹦鹉的大本营，但是和锡尔弗普莱恩斯相似，原来的植被和景观已经消失了，取而代之的是茂盛的树林和灌木丛。这一改变不仅使得金肩鹦鹉更容易受到钟鹊、褐鹰和野猫等动物的捕杀，而且新生代植物的强力竞争也让金肩鹦鹉的食物来源大大减少。曾几何时，约克角随处可见的金肩鹦鹉到2021年已经仅剩下50只还生活在阿特米萨站，全世界金肩鹦鹉的总数也只有780~1100只。阿特米萨站之所以还有金肩鹦鹉存活，是因为人们为其提供了充足的食物。从理论上来说，恢复金肩鹦鹉的种群数量非常简单，只需要将这5000公顷金肩鹦鹉栖息地上的灌木丛去除，恢复成它们喜欢的开阔的草原环境。但是在实际操作时，要想在恢复的同时保持生态平衡是异常困难的。

金肩鹦鹉保护团队和当地的原住民一起，通过管理牛群来恢复草地。阿特米萨站其实是一个养牛场，保护团队的初衷正是建立一种对金肩鹦鹉和牛群都有利的放牧制度。牧场主还提议用原住民以前采用的人工焚烧方式进行管理，这也能给金肩鹦鹉提供更多的竞争机会。此外，他们也在控制野猪和野猫的数量，尤其是已经在阿特米萨站大量繁殖的野猫。

不过，保护团队并不是随心所欲、毫无章法地实施这些保护计划，而是根据相关研究，采取科学严谨和相对有效的措施，以确保该项目走在相对正确的保护道路上。科学家正在监测和记录这里的动植物群落，建立基础数据库，了解野生动物的密度和活动，以及植被种类和覆盖率等种种信息。钟鹊被戴上了彩色标志环，有的还被装上了定位器，以便追踪和比较它们在茂密和稀疏的树林之间的行为差异。科学家将同样的技术也用在野猫研究上，以观察它们对植被变化的反应。该项目刚起步不久，未来还有很多工作要做，但鼓舞人心的是，无论是澳大利亚的观鸟者还是其他地方的观鸟者都认为阿特米萨站是目前世界上金肩鹦鹉最好的野生栖息地之一。

◀ 这只离开巢穴的雌性金肩鹦鹉更喜欢在*Amitermes scopulus*[1]的白蚁丘中筑巢，这可能是因为当周围环境变冷时，相对于其他白蚁物种，*Amitermes scopulus*的巢穴更能保持温暖。金肩鹦鹉每窝产4~7枚卵，孵化期大概为20天。幼鸟的羽毛一般在5周后长成。

[1] 尚无中文译名。——译者注

缺水的大象

▶ 非洲森林象可以在没有水的情况下坚持行走4天左右，而且它们对珍贵的水资源非常敏感，还能用象牙和象鼻来挖水。象群的雌性首领能根据以前的首领世代传递下来的经验找到最有可能发现水源的地方。

▼ 干旱意味着小象很可能死亡或者无法正常发育，因为它们的母亲缺乏食物和水，无法产生营养丰富的乳汁来进行哺乳。相对于雌性，雄性小象更容易受到干旱的影响。

大多数科学家认为，在人类塑造的各种极端环境中，人为排放的二氧化碳等温室气体造成的全球气候变暖对野生生物的威胁最大。在全球范围内，气候变暖对人类和野生生物的生存产生了毁灭性的影响。近年来，飓风、雷电、暴雨、洪水、泥石流、野火和干旱等的发生更加频繁，冰川融化更加显著，以往罕见的极端天气事件频频发生。

地球上干旱最为严重的地区之一是东非，尤其是非洲森林象（*Loxodonta cyclotis*）生活的安博塞利国家公园，最近发生在那里的干旱事件几乎是有史以来最为严重的。干旱导致人们在那里无法生存，饥荒盛行，当地人口进行了大规模的迁徙。食物和水源紧缺，导致人类和野生动物之间的冲突加剧。加上过度放牧引起的自然植被破坏，安博塞利国家公园内的资源压力比一些非保护区更大。曾经在这里繁衍生息的野生动物正在灭绝，季节顺应天时依旧轮换，环境却越发极端而脆弱，生物面临巨大的生存压力。从前美好的家园已蒙上尘埃，化作一片废墟，世代生活在这里的动物正在苟延残喘。

▼ 严重的干旱对像非洲森林象
这样的大型食草动物的影响
巨大，这也表明极端天气事件
可能会对种群产生较大的选择
压力，只有那些经验丰富、能
够迅速调整生存策略、应对
快速变化的个体才有可能幸存
下来。

非洲森林象处于干旱影响的前线，象群非常依赖雌性首领，它拥有象群首领世代相传的经验，决定着整个象群的命运。若能安然无恙，象群需要感谢雌性首领，但是悲剧偶有发生。

在带领象群寻找食物和水源的过程中，一个雌性首领刚刚产下了一头雄性小象。在过去风云莫测的12个月里，它顶住压力，保证了象群的安全，但是如今情况越来越糟糕，它已经不知道该往哪里走了。持续的干旱让它的乳汁越来越少，每前行一步，它的宝宝就虚弱一分，逐渐跟不上象群了。象群中的其他成员，包括雌性首领较为年长的儿子，都会鼓励小象继续前行，不要掉队。但是脆弱的小象又渴又饿，疲惫不堪，它终于崩溃了。大家尽可能待在原地，久久徘徊，没有

离去，鼓励小象勇敢地站起来。最后，象群不得不继续踏上寻找水源的征程，在稀树草原上破败的金合欢树（*Vachellia* sp.）林间寻找栖身之处。雌性首领在照顾小象和带领象群前行之间左右为难，它一次又一次试着将小象扶起来，但还是失败了。它面临着"苏菲的抉择"：抛弃最年幼的儿子，或离开其他年长的儿子和象群的其他成员。它的心中已经有了答案，年长、健康的儿子代表着族群的未来。在接下来的几个月里，它将经历和学到更多的东西，变得更加坚韧，更有能力面对极端之地充满变数的未来。然而随着降雨的减少，土地越来越干旱，所有非洲森林象群的处境都变得岌岌可危。这是一种新常态，极端气候不仅影响着生活在肯尼亚的非洲森林象，也影响着全球大部分地区的人类和野生生物。

越南的巨型洞穴

虽然地球上绝大多数地方的野生生物必须快速适应人类引起的气候变化，但仍有一些偏远的、隐蔽的地方受到的影响没那么强烈，而且其自然变化的速度本来就很慢，数年如一日，数千年才有所不同。越南的山河洞（Hang Son Doong）[1]就是这样的一个地方。1990年，一个在山中拾柴的当地男子感受到一阵强风，并在500米开外看到远处烟雾缭绕，发现了这一洞穴。走近后，他听到哗哗的流水声从一个不起眼的洞口传出。他知道自己偶然发现的这个洞不寻常，但他没有再去深入探究过。直到2009年，英国的一些洞穴探险者来到这里，在与他的交谈中得知了此洞，然后在他的协助下进行了一次探险，终于揭示了山河洞的特别之处。

山河洞邻近越南和老挝的边境，位于越南境内喀斯特地貌上的一片原始森林中，其洞口出现在丰芽–格邦国家公园里群山间的一处悬崖上。经过研究，山河洞的基底岩石是数亿年前就形成的石灰岩，不过洞穴相对年轻，形成于约300万年前。在饶同河流速较快的地下河段的侵蚀作用下，形成了长达9千米的洞穴群，其中包括世界上最大的单体洞穴走廊，即山河洞。该洞的宽度容纳一架大型喷气式

[1] 在国内，人们通常根据发音，将"Hang Son Doong"翻译为"韩松洞"或"杭松洞"，但在越南语语境下，"Hang"是洞的意思，"Son"是河的意思，而"Doong"是当地的一个村落的名字，所以音译的方式其实并不恰当。它的英文名字取其意，为"Mountain River Cave"，故这里译作"山河洞"。——译者注

◀ 顶部岩石坍塌形成了空顶的溶斗，此刻地表的阳光正好涌入了山河洞的两个溶斗中较小的一个。洞穴右侧的石头上有一个小小的人影，你能由此比较直观地感受到这个天坑的宏伟壮观。

▼ 另一个较大的溶斗中生长着一片石灰山季雨林，此地同样沐浴在阳光中，其中有高大的雨林树木、茂密的灌木丛和一些或许是从附近的雨林中掉落下来的独特动物。

▲ 一只小壁虎正伸出舌头将眼睛舔干净，它是以山河洞的溶斗为家的众多森林动物之一。

▶ 山河洞中有各种各样奇特的洞穴沉积物。这里有世界上最高的石笋（图①）和巨大的穴珠（图③和图④）。离山河洞出口的不远处还有另一个景观独特的溶洞，那里分布着数十个塔状锥体（图⑤）。最高的锥体高两米，但目前地质学家还不能准确地解释这些锥体是如何形成的。它们矗立在石坝后的巨大水池中。

飞机绰绰有余，高度超过一座40层的摩天大楼。也正是因为它太大了，外界的气压变化会导致洞穴内的空气产生强烈运动，形成穿堂风，在洞穴狭窄的隧道中就像狂风呼啸而过。洞穴内的温度急升或骤降时，就会产生云雾。

在山河洞的两处洞穴顶部坍塌的地方，形成了独特的溶斗，其中一个溶斗被探险者称为"天堂花园"，崖壁高达250米，能够到达洞穴底部的光线有限，其中生长着蕨类、苔藓、较为矮小的草本植物以及稀疏的树木。另一个溶斗被称为"伊丹花园"，沐浴在充沛的阳光之下，以至于这个在地表以下80米的洞穴中生长着一片完整的季雨林，其中的树木高达30米。一群从上面的丛林中来的猴子占据了溶斗的崖壁。此外，这里还生活着蛇、蜥蜴、青蛙、狐蝠和几种鸟。

山河洞内还有很多奇观：世界上最高的石笋，超过了75米；一堵高约90米的方解石墙，号称"越南长城"；还有不计其数的穴珠，一种球状的具有同心圆结构的碳酸钙沉积物——穴珠，直径通常只有1厘米，但是这里的穴珠有棒球那么大。此外，山河洞内还生活着很多穴居动物，它们的一生都在完全黑暗的洞穴中度过。山河洞中的陆地上有纯白色的潮虫、棕色的蜘蛛和长腿的地蟹，水中则有失去了视力的洞穴鱼和淡水虾等。由于植物无法在缺乏阳光的洞中生长，所以这里的几乎所有动物都依赖地下河带来的碎屑为生。水，不仅可以供生活在这一独特而极端的地下生态系统中的生物饮用，而且作为非常重要的运输系统，为它们带来了食物。

①

②

③

④

⑤

与世隔绝

在罗马尼亚康斯坦察县曼加利亚郊区，距黑海海岸不远的地方有一个洞穴，其环境条件比山河洞更加极端。那就是莫维莱洞穴——一个在过去550万年未受过外界干扰的洞穴，其中的生物也与世隔绝了几百万年。莫维莱洞穴曾经与地面相连，但是在大约250万年前，它被一层黏土与外界隔开了。如今，莫维莱洞穴中的相对湿度接近100%，而且人们在洞中检测不到空气的流动。这一地下生态系统富含硫化氢、甲烷和二氧化碳等气体，而氧气的含量很低，只有7%～10%（体积），不足大气中氧气含量（约21%）的一半。洞穴中没有任何光线，水流得很慢，慢到人们几乎检测不到切尔诺贝利灾难中产生的放射性物质。水位变化也很小，渗透过岩石的水会直接流入大海。洞穴内的水位主要受到下游的一个天然水坝的影响。

和山河洞中适应黑暗环境的野生生物群落类似，因为缺少阳光，莫维莱洞穴中食物链的起点并不是能够进行光合作用的植物。这里的环境条件更加极端，没有快速流动的明河，也没有蝙蝠和穴金丝燕（Collocalia linchi）等外来访客，因此几乎没有任何有机物质和其他能量从外部进入这一洞穴生态系统。令人惊讶的是，这里的初级生产者是细菌。

▼ 球鼠妇属（Armadillidium）是甲壳纲等足目下的一个属，有些地方所说的西瓜虫（Armadillidium vulgare）就是该属的一个物种。但莫维莱洞穴中的球鼠妇（Armadillidium sp.）是该属的另一个成员，这种球鼠妇失去了视觉，全身为白色。

这些细菌以生物膜的形式附着在莫维莱洞穴的石壁上，浸没在水中或漂浮在水面上。例如，卵硫菌（*Thiovulum* sp.）呈松散的薄纱状或黏稠的基质状，漂浮在洞穴内的水面上。细菌细胞和细胞之间通过黏液聚合起来，一个接一个，形成绳子般的结构。它们一起甩动鞭毛，使得富含矿物质的水在整个细菌群之间流过，而不必让每个细菌细胞都直接接触水面。不过，洞穴中的这些细菌可是游泳好手，单独游动时游速高达600微米/秒，是细菌中游泳速度最快的纪录保持者。

莫维莱洞穴中的细菌都以化能合成的方式利用热泉水（温度约为20摄氏度）中的硫化物或洞中的甲烷，从而获取生存所需的物质和能量。这就形成了以细菌为生产者、包括初级消费者和次级消费者的完整的独特食物链。

为了适应封闭的洞穴，很多生存在此的生物是无色的和/或没有视力的，而且它们在这种缺乏氧气的环境中的代谢速率较低。因此，除了卵硫菌，其他生物移动起来都比地表上的亲戚要慢得多。莫维莱洞穴中到处生活着白色潮虫、盲眼的千足虫和蚯蚓，它们都以细菌为食。这里也生活着捕食它们的狼蛛、几种蜈蚣、凭借呼吸管在水中游动自如的盲眼蝎蝽以及穴居蚂蟥，它们像吃意大利面那样，"哧溜"一下子就能把蠕虫吸进去。洞穴中的顶级捕食者是一种身长约为5厘米的有毒蜈蚣。基于这种蜈蚣在这个洞穴中王者般的存在，科学家将其命名为"*Cryptops speleorex*"，意思是"洞穴之王"。迄今为止，人们在莫维莱洞穴中共发现了52种无脊椎动物，其中37种是该洞穴所特有的，而且不断有新物种被发现和报道。

▲ *Cryptops speleorex*[1]是一种大型洞穴蜈蚣，长约5厘米，为莫维莱洞穴中的顶级捕食者。这种蜈蚣也没有视力，而是通过长长的触角来探测和定位猎物（一种伪蝎）的。

[1] 原著中为 *Cryptops anomalans*，应是误写。——译者注

山地幽灵

雪豹（*Panthera uncia*）偏爱山，且山越偏僻、险峻越好。虽然被称为雪豹，但它们其实更喜欢高海拔的岩石生境，所以雪豹出现在戈壁中的山区也就不足为奇了。这些生境的气候也比较极端，夏季酷热而冬季严寒，土地贫瘠，到处都是尘土飞扬的灰色岩石和浅黄色沙子，零星散落着枯萎的灌木丛。不过，戈壁上的不少山脉中都生活着健康的雪豹种群，因为这些山脉同样维持着它们的猎物种群。

雪豹的尾巴又长又粗，有利于它们在峻峭的山坡和悬崖上保持平衡。前肢短，爪子大，后肢强壮有力，这种适应性让它们在垂直和水平方向上都能跳跃得很远，灵活地在岩壁和陡坡之间穿梭。雌、雄雪豹的体形相当，这在猫科动物中是比较特殊的。

▼ 雪豹具有迷人的色彩，灰白色的皮毛上镶嵌着黑色的玫瑰花纹路，这使得它们与生境中的岩石、雪地几乎融为一体，所以雪豹又被称为"山地幽灵"。在大型猫科动物中，雪豹的毛发最长、最浓密，因此它们能够生活在环境条件最恶劣的栖息地。

雪豹一般保持独居，活动范围只有几百平方千米，而且同性雪豹具有强烈的领地意识。它们会在领地上通过磨蹭、喷尿和排粪等方式做标记，宣示自己的领地范围，同时这也是它们与其他未曾谋面的野兽之间的一种交流方式，尤其是在繁殖期。不过，异性雪豹的活动范围往往是重叠的，一只雄性雪豹的领地通常与多只处于繁殖期的雌性雪豹的领地重叠。小雪豹出生后会与母亲一起生活两年左右，这在独居的大型猫科动物中是最长的。

　　雪豹通常在黎明和黄昏时分比较活跃，不过这些山地幽灵也会根据季节变化来调整活动方式。冬季，它们往往在太阳温暖大地后的黄昏更加活跃，而在寒冷的夜晚就不怎么活动了。夏季则相反。在戈壁山地，雪豹主要捕食北山羊（*Capra sibirica*）和岩羊（*Pseudois nayaur*），也捕食傍晚时分专心觅食的蒙古兔（*Lepus tolai*）、雉鸡以及其他小型啮齿动物。有时，一些雪豹，尤其是成熟的雄性个体也会从当地牧民那里猎取牲畜，如山羊和绵羊等。

①

②

③

④

无论猎物是什么，它们都需要大量猎杀，每成功猎杀一次野山羊或绵羊等大型猎物，就可以获得8天的食物。要想保持健康，它们每年需要成功捕获具有同等热量的猎物40～50次。而雪豹的竞争对手也不少，特别是在它们进食时，狼、赤狐（*Vulpes vulpes*）、猞猁（*Lynx lynx*）、乌鸦、胡兀鹫（*Gypaetus barbatus*）、高山兀鹫（*Gyps hinalayensis*）和金雕（*Aquila chrysaetos*）等都有可能在一旁虎视眈眈，伺机抢夺食物。不过，雪豹面临的真正危险并不在此。

游牧的牧民照料着牲畜，他们赶着山羊、绵羊或骆驼等在一望无际的戈壁上行走，在山脉中穿行。他们总体上与大自然和谐相处，但是一旦雪豹夺走或者被怀疑夺走了他们的一头牲畜，那么雪豹面对的后果就是报复性的杀戮。这对雪豹的生存造成了严重威胁，但与此同时，戈壁牧民也在为恢复雪豹的栖息地而努力。他们联合起来建立了一个针对大型猫科动物的自然保护区，旨在对抗他们和雪豹面临的共同威胁——采矿。

近年来，采矿扰乱了戈壁牧民的传统生活。采矿意义重大，是国家经济的驱动力之一，而这里正好蕴藏着丰富的铜、煤、铀和金等矿物。但是，露天采矿给大自然留下的伤疤，几乎是你能想到的人造环境之中最为极端的一种。采矿会将这里原本就稀缺的水资源耗尽，这就加剧了荒漠化。沙漠不断扩大，牧民几千年来赖以生存的草原几乎被毁光。因此，当牧民意识到采矿不仅威胁着他们的生计，也威胁着雪豹的生存时，雪豹就成了他们的盟友。他们联合野生动物保护组织，共同努力，将雪豹的栖息地变成了自然保护区。这样一来，牧民和雪豹就能栖息在共同的家园，虽然雪豹仍会猎食牧民的牲畜，而牧民仍会报复雪豹（目前仍被科学家认为是雪豹面临的最大生存威胁之一）。雪豹的栖息地暂时保住了，但是气候变化又带来了新的问题。

2022年，内布拉斯加大学的研究人员对中亚的气候进行了研究，以更多地了解气候变化的影响。他们发现，从1990年到2020年，中亚的一些地区的平均气温升高了5摄氏度。随着气候变暖，这些地区变得更加干旱。中亚的很多地区本来就是干旱、半干旱地区，拥有大量沙漠，而沙漠面积越来越大，导致很多地方已经不宜居住。自20世纪80年代中期以来，沙漠的范围已经向北延伸了近100千米，有些地区的降雨量也减少了。由于沙漠地区的生物群落中有适应特定气候的特化的动植物，这些变化可能会改变该地区的整个生态系统。这些变化对雪豹等动物到底会产生什么影响，还缺乏相关研究。

◄ 这是一组罕见的雪豹家庭照，展示了一只雪豹妈妈和它的两只幼崽。幼崽们正在嬉戏玩耍，练习捕猎（图①和图②）。雪豹一家趴在山泉旁喝水，母亲在中间，两只幼崽在它的左右两侧（图③）。当穿越陡峭的崖壁时，雪豹隐藏得很好，不易被看到（图④）。

►► 下页图：雪豹是适应高原山地甚至寒冷沙漠山区的大型猫科动物，通常分布在海拔为3000～5000米的陡峭岩石地貌中。

第3章

生 命 之 源

地球是一个水球，因为其表面70%以上都被水覆盖，但是绝大部分是海水，只有不到3%是淡水，其中约0.5%的淡水储存在河流、湖泊、池塘和沼泽等开放水域中。这些淡水对无数生活在地球上的微生物、植物和动物来说至关重要，当然其中也包括人类。其余的淡水资源则被储存在土壤中、作为地下水藏于地表深处，或以冰的形式被封存在冰川和冰盖中。

地球上的第一场降雨发生在大约38亿年前，雨水使得当时炽热的地球的大气温度降低到了100摄氏度以下。在大自然中，水既不会被创造出来，也不可能凭空消失，它只是在不同的形式和状态之间转化。所以夸张地说，如今你通过水龙头喝到的水可能在数千万年前也被恐龙喝过。水无时无刻不在运动。海洋中的水被蒸发，形成了云，再以雨、雪或冰雹等形式降落，汇聚到湖泊中，然后在江河中流动。水无时无刻不在变化，有时你看得到它，但很多时候看不到它，只因水具有非凡的特性：它在自然界中能够以液态、固态和气态三种形态存在，并且在全球水循环过程中，水可能处于三种形态中的任何一种。

在全球水循环过程中，水分子在每个阶段停留的时间差异很大。平均而言，水分子在大气中会停留约11天，在河流中停留几周，在土壤中停留一年左右，在湖泊和沼泽中停留数十年，在冰川中停留1000年甚至更久，而有的则以地下水的形式已经存在了数千年。例如，在极度干旱的非洲大陆，地下水的储存量估计是地表水储存量的100倍。我们接下来将介绍的一些动物都依赖这些地下水。毕竟，水是生命之源。

◀ 位于冰岛南部高地的兰德曼纳劳卡[1]的河流和地热温泉纵横交错，其中的水在不断流动。水是多么不可控制、不可预测呀！

---

[1] 兰德曼纳劳卡的冰岛文名字为"Landmannalaugar"，翻译为英文就是"People's Pools"。——译者注

神秘的天然井

▶ 在萨穆拉天然井中，榕树裸露的气生根从洞顶一直延伸至地面，垂落到碧绿的水面上，在阳光的映照下，如梦如幻。

▼ 洞穴的顶部塌陷后，露出一个充满地下水的池子，天然井就形成了。尤卡坦半岛上有8000多个这样的天然井。

▶▶ 下页图：金塔纳·罗奥州的伊甸园天然井是尤卡坦半岛上最大的天然井之一。一位经验丰富的潜水员正在其中畅游，探索这水晶般清澈的水下世界。

墨西哥的天然井是地球上最令人震撼的地下水世界之一，这是洞穴顶部塌陷后地下水暴露出来而形成的一种淡水池。淡水的力量使得天然井神秘而奇特。淡水不仅存在于大地上，也塑造了大地的面貌。天然井的基岩是石灰岩或被古代玛雅人当作砂浆、用于建造宏伟的金字塔的萨斯卡布[1]。雨水会吸收大气中的二氧化碳，变成一种弱酸性的水降落下来，腐蚀石灰岩，将洞穴逐渐掏空。

有的天然井犹如错综复杂的迷宫，不过说到底，每个天然井都是一个洞穴，具有钟乳石和石笋等洞穴特征，这些碳酸钙沉积物是在冰期形成的。冰期的地下水位降低，于是洞穴的相对位置升高，失去了水的支撑，洞穴顶部就坍塌了。而当冰期结束后，地下水位再次上升，淡水随之涌入天然井。世界上最大的天然井位于萨克·阿克顿水下洞穴系统，也就是该系统入口处的"Nohoch Nah Chich"天然井，在玛雅文字中指"巨大的鸟笼"，因无数当地鸟类由这一天然井的36个已知洞口飞出飞进而得名。这个特殊的天然井以杜松子酒般清冽的水以及井底繁复、华丽的钟乳石和石笋而闻名，同时它也是世界上最长的水下洞穴，长度超过340千米。

---

[1] "sascab"（萨斯卡布）在玛雅文字中指的是"白色泥土"，是玛雅人对天然存在的软质/非胶结石灰岩的称呼。从化学角度来说，sascab和硬质石灰岩一样都是碳酸钙，但是sascab没有经历过硬质石灰岩所经历的结晶过程。该词在中文语境中暂无专业词汇翻译，故在此按音译处理。——译者注

墨西哥的尤卡坦半岛拥有大大小小共8000多个天然井，它们都位于一大片破碎的石灰岩区域。该区域又被称为"天然井环"，形成于奇克苏鲁布陨星坑的边缘。在大约6600万年前，一颗小行星撞击此处形成了这一罕见的陨星坑。这次撞击消灭了地球上所有的非鸟恐龙[1]，对其他生物也造成了重创。如今，这些洞穴系统中的水是分层的，淡水在上层积累，海水沉积在底部，通过岩石隧道与大海相连，淡水和海水交汇之处则形成了盐跃层。当洞穴潜水员下潜至盐跃层附近时，就像来到了洞穴的底部。他们形容穿越盐跃层就像"穿越了一层果冻"。淡水的密度较小，而海水的密度较大，从淡水下潜到海水中时，他们就得适应密度差带来的浮力变化，上浮时也是如此。盐跃层也是温跃层，下方的海水通常比上方的淡水温暖，潜水员将其戏称为"浴缸效应"。盐跃层还带来了光学错觉，这或许是玛雅人敬畏天然井的原因之一，他们常将天然井用于宗教和祭祀仪式，当然也将其作为水库。

中美洲红耳彩龟（*Trachemys venusta*）的尤卡坦亚种是一种淡水龟，也是生活在天然井中的为数不多的两栖爬行动物中的一种。

虽然天然井在世界各地均有发现，但是墨西哥的天然井是规模最大和最壮观的。雨水缓缓地流经土壤，经过落叶、树枝和沙石等的层层过滤，因此天然井中的水一般都比较清澈。这些天然井也为很多动物提供了栖身之所，如危地马拉鳄（*Crocodylus moreletii*）、水龟[2]、孔雀鱼（*Poecilia reticulata*）和鲶鱼等表层物种，以及血鼬鳚（*Typhliasina pearsei*）、白蛇胸鳝（*Ophisternon candidum*）和营胎生、作为天然井深处顶级捕食者的墨西哥丽脂鱼（*Astyanax mexicanus*）等洞穴物种。此外，天然井中的常住民还有糠虾目、端足目和桡足类等的一些甲壳动物。这些甲壳动物中有一种由阻力驱动、靠游泳足做圆周运动的盲眼等足类动物，因为通常出现在温泉附近而被称为温泉虾。有一种盲眼的桨足类动物，它们会攻击其他甲壳类动物，并利用类似响尾蛇的毒液来使猎物内部液化。这也是迄今为止被发现的唯一有毒的甲壳类动物。还有一种滤食性的穴居虾也非常奇特，它们的食物中有约20%是那些以甲烷为生的原始细菌。甲烷在周围森林的地面下形成，随后沉降到天然井中，而不是上升并消散在大气中。这种虾就是这一颠倒的、以嗜甲烷细菌为生产者的生态系统中的一员，它们参与了地球上最为特殊的一种食物网的构成。

危地马拉鳄能够长到3米长，这只危地马拉鳄漂浮在尤卡坦半岛图卢姆附近的一个天然井的表层淡水中，人们叫它为潘奇托。潘奇托有时会同游客一起游泳，但从未咬过人，似乎已经对人类习以为常了。

---

[1] 非鸟恐龙（non-avian dinosaur）这一概念是相对于鸟型恐龙（avian dinosaur）而言的。恐龙总目分为两大类群，除了已经灭绝的非鸟恐龙（包括鸟臀目和蜥臀目），另一类就是鸟类，也就是鸟型恐龙。我们平时所说的恐龙基本上是指已经灭绝的非鸟恐龙。——译者注

[2] 水龟（terrapin）是指一类生活在淡水或咸水中的小型龟。terrapin并不是一个自然分类单元，这一名字来自阿尔冈琴语中的"torope"（意为"小乌龟"）。——译者注

蛙雨来袭

在哥斯达黎加的热带雨林中，几乎每天都会下雨，不过只有极少数情况下才有倾盆大雨。一旦暴雨袭来，淡水就会向我们展示一种非凡的雨林动物的生活。奥萨半岛的雨季开始了，暴雨的到来会使一棵被选中的树和地面上形成的临时池塘成为焦点，成为自然界最精彩的表演之一的中心舞台。树枝倒映在下方的池塘里。随着雨滴的降落，池塘开始蓄水，表演者——白点树蛙（*Agalychnis spurrelli*）就登场了。白点树蛙只是来此繁殖，它们本身也没有特别之处，但是它们到达这里的方式出乎意料——它们是飞过来的！

成年后的白点树蛙在树枝或藤蔓上手拉手行进的方式比较特别，它们和其无尾亲戚一样，几乎都是通过行走来移动的。不过，它们要是急着去哪里，就会飞过去。它们也因此被称为"滑翔蛙"，会以高达45度的角度从雨林的冠层降落，水平移动将近4米的距离。白点树蛙飞离冠层，充分展开具蹼的四肢，使其与地面平行。脚蹼就像微型降落伞，帮助它们从一棵树降落到另一棵树上。到了繁殖期，白点树蛙就会飞向那棵特殊的树，每一只都很着急，因为先到者将占据最佳位置。

白点树蛙的求偶和交配现场多少有些混乱，毕竟将近1万只白点树蛙会从森林的四面八方降落到同一地点。它们聚集在距离地面大约8米高的地方，形成了地球上最大的蛙类繁殖群体。白点树蛙的性别比为9∶1，雄性占大多数，因此雄性之间关于交配机会的竞争相当激烈。

对于每一只雌蛙来说，最重要的是找到一片叶子产卵。它需要慢慢来，但是事情多少有点疯狂。很多雄蛙从天而降，从不同方向毫无章法地堆叠在雌蛙背上。局面很快就失控了，雄蛙们都试图用后腿将对手踢出局来抢夺宝贵的交配权。竞争意味着牺牲，雄蛙们一只接一只失去抓力，坠落到池塘中，直到只剩下最后一只雄蛙。此时，雌蛙终于能平静地将卵产在叶子顶部。胜利者需要一次性给约200枚卵授精，然后当晚的任务才能圆满结束。

雌蛙并不是随意将卵产在哪片叶子上，而是经过仔细考量，将卵精准地安置在特定的池塘上方。这样，蝌蚪从受精卵中孵出后，就能顺利落入水中，以便完成后续发育。这一切需要的只是一场恰到好处的倾盆大雨，但暴雨在该地区并不常见，白点树蛙为此终年急切地等待着。类似的机会在一年中只有几次。实际上，科学家发现虽然每年百分之十的日子里有"足够的水"供它们进行繁殖，但是白点树蛙只会在雨季开始时的暴雨天气做出反应，因为这样才有足够的、持续的淡水为蝌蚪建造完美的育幼场。然而，随着全球气候变化，这里的暴雨越来越难以预测，干旱频发，白点树蛙的繁殖模式被打乱，繁殖频率也降低了。残酷的是，这就是地球上的这些动物必须学会面对的问题。

◀ 在混乱的交配现场，雄蛙很难与任何准备产下未受精的卵的雌蛙成功抱对交配。

◀ 一只白点树蛙尽量将脚趾之间的蹼展开，形成4个小型"降落伞"，这让它能以45度角从一棵树滑翔到另一棵树上。

▶▶ 下页图：求偶和交配过后，雌蛙还需要小心地将卵一排排地产在精挑细选的叶子顶部。

沼泽鳄之家

▲ 和其他鳄一样，沼泽鳄的眼睛、鼻子和耳朵都位于其扁平的头顶，因此在身体的其他部分都位于水中时，沼泽鳄仍能保持呼吸，看到和听到周围的情况，从而安心地潜伏在水面之下。

　　水的缺乏和过量一样糟糕，都会影响野生动物的生活。斯里兰卡的东南沿海地区属于该岛上的干旱区。在每年最干旱的时候，这里的水体几乎都消失了。在东北季风盛行期间，这里的国家公园处于一年中水资源最充沛的时候，有很多潟湖、人造池塘和水坑。但是到了旱季，在灼人的高温和持续的干旱的共同作用下，水都被蒸发掉了，一些大型爬行动物不得不离开已干涸的家园。这就像史前时代的场景，沼泽鳄（*Crocodylus palustris*）爬过炎热的工地，聚集在稍微凉快一些的地方，但为了避免拥挤，它们通常只是三五成群。沼泽鳄中的某些个体最大可以长到5米，但大多数只有4米长。它们是可怕的捕食者。斯里兰卡为沼泽鳄的分布中心，而雅拉是世界上沼泽鳄数量最多的地区。

　　沼泽鳄对温度的变化出奇地敏感。用专业术语来说，它们属于"温度顺应

者"，不能通过自主行为等方式有效调节体温，体温会随着周围空气温度的变化而变化。在理想状态下，沼泽鳄的正常体温为30～33摄氏度。当温度低于5摄氏度或者高于38摄氏度时，这种可怜的野兽不仅会感到不舒服，还面临死亡的风险。为了躲避极端的高温，沼泽鳄通常会在河岸边挖一个深达6米的大洞，洞口高出水面。这样，它们就能藏在洞里，舒舒服服地在19～29摄氏度的温度下休息。但是它们必须进食，尤其是当它们喜欢的水塘不断缩小、最后完全干涸时，它们就得另觅佳处。在雅拉，沼泽鳄可能会选择任何一个有水的潟湖。当然，潟湖越大越好，但是留给它们的机会并不多，因为每年旱季，开阔水域就会大幅减少。空间非常宝贵，而体形也很重要，那些最大最强壮的沼泽鳄往往占据最佳的栖息地点。

▶▶ 下页图：沼泽鳄是伏击式捕食者，会长时间耐心地等待猎物。这里有几只斑鹿（Axis axis）来到沼泽鳄埋伏的水塘边饮水。斑鹿不断靠近，直到足够近了，沼泽鳄才会轰然从水中出击，咬住最近的一只斑鹿的脖子，一击致命，或咬住斑鹿的四肢，将其拖入水中淹死。

▶ 沼泽鳄是一种比较狡猾的鳄，它们会寻找一个发起突袭的好时机，有时还会进行一番伪装（图①）。它们会在水塘边挖一个洞，钻进去藏起来，然后等待猎物靠近（图②和图③）。斑鹿看不清泥潭中的情况，自然会感到紧张，而且担心那里潜伏着捕食者，所以有时会发出错误的警报（图④和图⑤）。但沼泽鳄很有耐心，等待着最佳时机，届时从泥潭中冲出，一口咬住斑鹿的后腿，丝毫不给斑鹿逃跑的机会（图⑥）。可怜的猎物被拖下水淹死（图⑦）。沼泽鳄随后甩动猎物，利用水面猛击猎物，将其撕裂；或者咬住猎物进行"死亡翻滚"，将猎物撕碎，再进行吞食。

沼泽鳄会在潟湖边略微凸起的地方，也就是那些口渴的猎物喝水时的必经之处，挖一个又深又泥泞的洞，然后钻进去，潜伏在水中，将自己几乎完全隐藏起来。有时，它们还会顶着一些浮水植物进行伪装。除了增强欺骗性，这种方法还能防晒，保持凉爽，可谓一举两得。这样，一个陷阱就设置好了，然后它们只需耐心等待，等待附近口渴的动物前来饮水。

斑鹿是沼泽鳄的潜在猎物，它们会和喜山长尾叶猴（*Presbytis entellus*）一起来饮水。每只喜山长尾叶猴都为斑鹿提供了一双额外的观察捕食者的眼睛，而每只斑鹿都有一个能够嗅出捕食者的灵敏鼻子，这是一种互利行为。不过，喜山长尾叶猴到底能不能发现沼泽鳄还值得怀疑，所以斑鹿主要得靠自己。斑鹿群从乘凉的森林深处里走出来，非常谨慎，在潟湖边排队喝水。沼泽鳄非常沉得住气，一动不动地潜伏着。它们拥有现存鳄属物种中最宽的鼻子，这使得它们呼吸时不容易在水面上激起波纹，要知道就连白鹭激起的涟漪或发出的轻微声响都会吓到警惕的斑鹿。当靠得非常近的斑鹿弯腰喝水时，沼泽鳄就会从泥浆中猛地冲出来，咬住鹿腿，将其拖进水中淹死。如果捕食失败了，沼泽鳄可以在没有食物的情况下坚持几个月。它们是一种机会主义者，可以维持比较低的代谢速率，有东西时才吃，没东西吃也暂时没事儿。利用猎物对淡水的需求，沼泽鳄可以在环境条件最恶劣的旱季茁壮成长。

沼泽鳄的智力并不出众，但是这种有预谋的捕食策略表明它们的确是一种力量与智商并存的动物。这一观点在其他地方也得到了证实，那些地方的沼泽鳄甚至更加狡猾，会浮在水面上，用鼻子顶着一根棍子，而这种行为在当地的鸟类筑巢时更为常见，因为棍子正是鸟儿筑巢的好材料。在鸟儿落下去捡棍子的瞬间，沼泽鳄就会将鸟儿抓住，拉入水中淹死，动作干脆，一气呵成。这是为数不多的爬行动物使用工具的案例之一[1]。

---

[1] 工具的使用常被视为动物复杂认知能力的表征，而现有的研究认为，这应当是鸟类和哺乳动物的专有能力。爬行动物中的鳄是人们发现的除鸟类和哺乳动物外能够使用工具的少数动物之一。除了沼泽鳄外，湾鳄（*Crocodylus porosus*）和密西西比鳄（*Alligator mississippiensis*）也曾被报道具有用木棍作为诱饵吸引鸟类的类似行为。——译者注

睡莲上的大脚鸟

▶ 实际上，非洲雉鸻爸爸才会留下来照顾雏鸟。如果遇到危险，比如鳄等捕食者来袭，它们就会将雏鸟夹在翅膀下，在睡莲叶上狂奔，直到脱离危险。

来去无踪的水不仅改变了动物的生活，也影响着地球上的景观。每年，亿万吨水流入卡拉哈里沙漠，将这里变成野生动物的乐园。卡拉哈里沙漠中的奥卡万戈三角洲是一个非同寻常的三角洲，与大海隔绝。雨水降临到三角洲以北遥远的安哥拉山脉，形成的溪流向南奔腾，经过几个月的长途跋涉，最终注入奥卡万戈三角洲，将干旱的平原变成了广阔的浅湖。到达奥卡万戈三角洲需要很久，以至于水流在旱季开始时才刚好抵达。不过，现在这里资源丰富了，一种生活在这里的鸟恰好可以利用涌入的淡水，在浮水植物的帮助下，在水面上灵巧地行走。这就是非洲雉鸻（*Actophilornis africanus*）。

非洲雉鸻是"大脚鸟"，它们的长脚趾和爪子能够将其体重均匀地分布在大面积范围内，因而它们能够在睡莲的浮水叶片上行走，而不用在植物之间涉水活动。所以，非洲雉鸻又被称为"睡莲上的疾步鸟"或"耶稣鸟"[1]。非洲雉鸻在这里捕食植物上和水面上的昆虫以及其他小动物，如淡水蟹和小鱼等。

在繁殖期，非洲雉鸻会表现出令人惊讶的行为。雌鸟既不筑巢也不抚养雏鸟，而是由雄鸟来承担这些责任，这种现象在自然界中较为罕见。一只雌性非洲雉鸻可能同时有好几个雄性追求者，并且都与其进行交配。雄鸟们各自在漂浮的睡莲上筑巢，以供雌鸟产卵。产卵后，雌鸟就会离开。最多时，一只雌鸟能在一个繁殖季节产7窝卵，但是确切的数量取决于天气和水分条件。假如遇到干旱，水分不足，那么雌鸟可能只会选择一个巢穴来产卵。但要是碰上奥卡万戈三角洲的洪涝年份，非洲雉鸻的繁殖季节有可能延长30%的时间。其间，雌鸟会与雄鸟进行多次交配，而且卵的孵化率更高。所以，水对于非洲雉鸻种群的维持至关重要。

雄性非洲雉鸻通常是非常勤劳的父亲，唯一要注意的是它们要确保不能太早开始繁殖，因为繁殖季节初期的暴风雨可能会把卵卷入洪水中，导致其失活。它们还会采取一种奇特的"间断孵化"模式来应对单亲父亲的需求。它们必须保证卵处于合适的温度，既不能太热也不能太冷，但同时它们又需要外出觅食以保持健康，而且进出走动期间不能暴露巢穴的位置。在白天，雄性非洲雉鸻会在无人照看卵的情况下，平均每天离开巢穴约35次去觅食，离开的时间由周围环境的温度决定。在天气凉爽时，雄性非洲雉鸻一天中70%的时间都会待在巢穴里专心孵卵，每次只是短暂地离开觅食；而在炎热的日子里，一天中56%的时间它们都离巢外出，而37%的时间是在给卵遮阴。这些都是为了确保给卵保温而又不会太热，不过孵化率只有7%。到了夜间，雄性非洲雉鸻则会安安静静地坐在卵上，直到天明。一旦哪里做得不对，比如离开巢穴太久，卵面临的被啄食的风险就会加剧，或者卵的温度就会下降到致命的临界值。非洲雉鸻的繁殖本来就时刻在成功和失败之间摇摆，无论是全球变暖还是随之而来的极端暴雨天气都不是它们乐于看到的。

---

[1] 非洲雉鸻又被称为"耶稣鸟"是因为《圣经·马太福音》中的一则故事写到耶稣奇迹般地在水面上行走，就像非洲雉鸻这般。——译者注

雄鸟需要一直孵卵，直到雏鸟破壳而出。雏鸟在出生后的六周之内无法飞行，所以雄鸟还要小心照顾雏鸟一段时间。雄鸟是雏鸟的守护者，以一种不同寻常的方式保护雏鸟免受捕食者的伤害。雄鸟将几只雏鸟聚拢到身边，将它们藏在翅膀下，除了它们的大脚露在外面，所以场面看起来有些滑稽。这时的雄鸟看起来就像一种多脚的奇怪生物，但这确实是一种行之有效的保护方式。

此外，非洲雉鸻还擅长游泳和潜水。一旦雏鸟在水中陷入困境，无法回到超级奶爸的身边，它们就会整个潜入水中，仅将像通气管一样的喙伸出水面进行呼吸。在爸爸发出的叫声信号中，雏鸟乖乖地躲在水面下，待在原地不动，直到危险过去。如果鳄来袭的话，雄鸟会试图吸引鳄的注意力，将鳄引开，远离雏鸟。等到危机过去，它们又会呼唤雏鸟，发出"已经安全了"的信号。非洲雉鸻栖息的湿地食物丰富，有很多昆虫、蠕虫和蜗牛等小动物，雏鸟在短短几周内就会长大一圈。水，是非洲雉鸻生存的关键。

◀ 最糟糕的情况莫过于捕食者来袭，这时非洲雉鸻的雏鸟就会潜入水中，仅将喙露出水面，以保持呼吸。等到危机过后，它们又会爬上浮在水面的植物，甩甩身上的水，晾干羽毛（对页上图）。它们也可能干脆待在原地不动，假装自己是漂浮在水面上的植物（对页下图），祈祷不被捕食者发现。

▼ 雏鸟是早熟的，从孵化出来那一刻开始就必须学会自己吃东西。爸爸和雏鸟都拥有长长的脚趾，所以当它们在漂浮着的睡莲叶上行走时，能够将体重分散开来，不至于陷下去。

孵化出来42天之后，雏鸟的羽翼就丰满了，但是在接下来的35天左右，雏鸟仍会跟随爸爸一起生活。

沼泽中的狩猎

▲ 捕食驴羚的杂色狼种群，它们是奥卡万戈三角洲季节性沼泽的湿地特有种。

▶ 不同于非洲其他地区一见到水就唯恐避之不及的杂色狼种群，这些杂色狼为了找到食物，视沼泽为平地，直接扎进水里，全力奔跑追捕另一种湿地特有种——驴羚。不过驴羚在水中更有优势，而杂色狼则在陆地上占上风。

对于三角洲上的捕食者来说，一年中洪水泛滥的时候是最具挑战性和最艰难的时刻。但是对于猎物来说，此时水意味着最好的逃生机会。比如，作为捕食者的杂色狼（*Lycaon pictus*）[1]及其猎物驴羚（*Kobus leche*）就是两种对水有着截然不同的期待的动物。

众所周知，杂色狼并不喜欢水。可能是因为鳄的存在，生活在非洲某些地区的杂色狼会尽量避免涉水。所以，人们发现有一群杂色狼在水中狩猎时，会感到非常惊讶。杂色狼的目标是驴羚，这是一种在水中简直如鱼得水的动物，给杂色狼带来了不小的困扰。

---

[1] 杂色狼拉丁名"*Lycaon pictus*"中的"*Lycaon*"来自希腊语，意思是"像狼的"，"*pictus*"的意思是"涂画的"。由这个拉丁名引申而来的一个英文俗名为"painted wolf"，描述了这种动物长得像狼而体色斑斓的样子。虽然在学界和民间，曾经人们更为熟悉的是它们的另一个名字"African wild dog"［非洲野狗（犬）］，但是这一名字容易让人误认为这种动物遍布非洲，很普通，没什么特别，像是野外的宠物狗。实际上，原本随处可见的杂色狼现在已经濒危了，于是生物保护学家呼吁人们称它们为"杂色狼"，认识到杂色狼是野生动物，而并非狗。——译者注

▲ 杂色狼将驴羚赶出沼泽，试图打破驴羚在水中占据优势的局面。杂色狼在岸上跑得更快。

　　驴羚是一种专门生活在湿地中的羚羊，这种环境一方面能为它们提供丰富的食物，另一方面能保护它们免受捕食者的伤害。它们能在浅水中奔跑、跳跃，轻松地将捕食者远远甩在身后。这对它们的捕食者来说是一个非常棘手的问题。然而，有一群杂色狼战胜了这种挑战，它们就是"驴羚猎手"，名副其实。它们掌握了捕食沼泽地中标志性物种驴羚的诀窍，是适应了水生环境的陆地猎手。虽然它们会游泳，但是它们深知将驴羚困在水中进行捕食绝非上策，因为水正是驴羚的逃生要道，而它们在水中远不如驴羚敏捷。相反，它们会将驴羚从水中赶上岸。在陆地上，它们的奔跑速度接近65千米/时，这里才是它们的决胜之地。

　　驴羚的身体结构和其他羚羊稍有不同，它们的后腿更修长、强壮，可以为它们在水中奔跑提供充足的动力，但是它们到了陆地上就略显笨拙了。当被杂色狼追捕时，它们会立即跑进沼泽，随后以一种特殊的跳跃步态逃跑。平时驴

羚的4只蹄子踏踏实实地踩在地上,起跳时4条腿几乎一起从地面上快速抬起,降落时4条腿再一起落下,靠张开的宽大蹄子平稳地将自己支撑在柔软的沼泽地面上。这使得驴羚能够在浅水中快速移动,而且不会摔倒。与黑斑羚(*Aepyceros melampus*)、瞪羚(*Gazella* spp.)不同,驴羚在逃跑时不会毫无规律地改变方向,而是会沿着直线移动。此外,驴羚全身的皮毛,尤其是腿部的皮毛上覆盖有一层油脂类的防水物质,这也有助于它们在齐膝深的水中快速移动。

然而,在这一特殊环境中,捕食驴羚的杂色狼种群已成为了出色的捕猎团队,每个团队通常由6只成年杂色狼组成(比起一般的杂色狼种群来说相对较小)。在捕食过程中,杂色狼不可避免地会落入水中。如果水深超过膝盖,驴羚就会以奇特而有效的步态跳跃着逃跑。杂色狼似乎会模仿驴羚的这种移动方式。在危急时刻,雄性驴羚会用角进行反击,全力一搏。一旦被两三只杂色狼围攻,驴羚即使还在对自己有利的水中,也只是在垂死挣扎罢了。

▲ 一条利氏雨丽鱼正在装死，身体上像腐烂了一样的斑点让它的装死更加逼真。一些食腐性丽鱼会被它迷惑（图①），本希望享受一顿大餐，却往往被吓一跳，发现自己已经落入陷阱。

"沉睡"的丽鱼

因为全球水循环的作用，大量淡水几乎很难一直停留在某个地方，不过也有些例外，如已存在了数千年的马拉维湖。马拉维湖位于东非大裂谷的最南端，被马拉维、坦桑尼亚和莫桑比克三国包围，南北长560千米，湖水最深处达706米，是仅次于坦噶尼喀湖的非洲第二大湖。马拉维湖还是个著名的生物多样性热点地区，以鱼类丰富的多样性冠绝世界湖泊之首。这个营养丰富的湖泊为世界上约十分之一的淡水鱼物种提供了栖身之所，而且绝大多数是马拉维湖的特有种，其中又以丽鱼科鱼类为主。丽鱼科鱼类是父母中的模范，具有护卵和护幼行为，有的甚至在口中孵卵。

丽鱼科起源于约100万年前，当时该科的少数物种进入马拉维湖并生存了下来。这些物种经历了百万年的生存试验，在竞争压力下演化出了繁多的物种以及精妙各异的生存策略。至今，马拉维湖中已经发现了至少850种丽鱼，还有很多物种有待描述。每种丽鱼都有特定生态位下的独特捕食策略——几乎涵盖了人们在其他鱼类中发现的所有策略。这里有如同狗鱼般凶猛的捕食性丽鱼，有以死鱼等为食的食腐丽鱼，有从邻居那里偷卵吃的狡猾丽鱼，有拔其他丽鱼鳞片的凶残丽鱼，还有从沙子中过滤食物的丽鱼等。

在会精心设计五花八门的捕食策略的众多丽鱼物种中，利氏雨丽鱼（*Nimbochromis livingstonii*）尤为突出，它将欺骗的艺术发挥到了极致。人们认为其拉丁名中的"*livingstonii*"来自19世纪的苏格兰传教士兼探险家戴维·利文斯通，他是最早发现马拉维湖的欧洲人之一。利氏雨丽鱼栖息在沙子和大叶藻（*Zostera* spp.）相交接的湖床间，这些地方聚集着它们最喜欢的猎物——体形小

③

于5厘米的丽鱼。它以一种匪夷所思的方式——装死（在专业上称为假死）进行捕食。它通常有两种策略来装死：要么突然停在沙床上，以腹部为支撑，任身体向一侧倒下去；要么从3米高处缓缓跌落，沉到沙床上侧卧着，有时身体还半掩在沙子中，头部朝向凸起的岩石或沉木，只求更为逼真。无论采用哪种方式，它都一动不动，身体上的黑色斑点散发着腐烂的气息，吸引丽鱼科中的"小型秃鹫"，如一些滤沙性丽鱼和岩栖类丽鱼。当这些食腐性丽鱼凑近利氏雨丽鱼的"尸体"准备下口时，利氏雨丽鱼却奇迹般地"复活"了。它顺势侧着头和嘴运动，如同一道闪电猛冲过去，试图抓住最近的猎物，吓得那些捕食者四散逃去。如果它在同一个地方频频失手，猎物就会明白它玩弄的小伎俩，不再受骗。这时，它就得换个地方故伎重施。在30分钟内，它最多可以装死7次，直到抓住猎物饱餐一顿。

　　根据利氏雨丽鱼的这种奇特行为，当地人称其为"kalingono"，也就"沉睡者"的意思。它是少数几种通过装死吸引猎物的脊椎动物之一，而负鼠和东部猪鼻蛇（*Heterodon platirhinos*）等其他动物则将装死作为一种防御策略。体形越大的丽鱼越不容易成为其他丽鱼的猎物。那些装死的利氏雨丽鱼长度往往都超过12厘米，这对于马拉维湖中的昼行性丽鱼来说太大了，一口吞不下。

▲ 当食腐性丽鱼靠得足够近时，利氏雨丽鱼就会突然出击，迅速抓住猎物（图②）。不过年幼的利氏雨丽鱼不会冒险装死，而是以更为传统的方式进行捕食（图③）。它们太脆弱了，一不小心就会成为别人口中的猎物。即使那些老练的利氏雨丽鱼也并不总是通过装死捕食，这充分说明了它们在竞争激烈的环境中非常灵活。

史诗之旅

▲ 对于比奥科岛的虾虎鱼来说,旅途中最大的障碍就是这条高达30米的瀑布。穿越这条瀑布看起来是个根本无法应对的挑战,但是它们拥有独门绝技,可以逆流而上,成功到达上游。

水流有时就是动物们的高速公路,对那些一生之中需要在海洋和遥远的内陆淡水间往返的动物来说,河流和溪流显得尤为重要。说到这里,你可能会马上想到鲑鱼和洄游性鳗鱼,但在几内亚湾中距非洲大陆32千米的一个热带岛屿上,有一种鱼的水流之旅比它们生活在北大西洋中的体形更大的亲戚的旅程更加传奇。

比奥科岛是一个小型火山岛,岛上山势险峻,地势陡峭,山坡上覆盖着茂密的热带雨林,雨水通过壮观的瀑布和湍急的河流奔流入海。正是在这里,一种非凡的小鱼进行了一场惊心动魄的迁徙。相对于它的体形之小,这场迁徙让人不得不惊叹,这真是不可思议!

这种鱼就是虾虎鱼,只有几厘米长,小时候生活在海里。当幼体虾虎鱼开始成熟时,它们就会为了繁殖沿河流向上游的淡水游去。旅途中无疑充满挑战,它们必须首先找到当初刚孵化后被冲入海中的入海口,但是要警惕潜伏在那里的大型捕食者,还有足以将它们拍到海岸上的海浪。一旦进入河口,这些手指大小的"后期幼体"虾虎鱼就会大量聚集在一起,为即将到来的长途跋涉奋力进食,积蓄能量。不过吃什么以及吃多少还取决于季节。

在雨季，它们进食得更频繁，吃得更多，食谱也更为多样。在雨水充足时，河流带来的大型藻类、其他植物（主要是木本植物）的碎屑以及浮游生物为它们提供了丰富的食物；在雨水较少时，浮游生物也较少，但多了一种糟糕的物质——微塑料。其实，无论是旱季还是雨季，虾虎鱼都有可能摄入大量微塑料。通过对在附近捕获的虾虎鱼肠胃内容物的检查，人们发现20%的虾虎鱼摄入了微塑料和微纤维，而这些物质会对其幼体的发育产生不良影响。对其他鱼类幼体的研究也表明，微塑料的摄入会导致鱼类幼体生长速度减慢，取食偏好改变，游动行为异常，死亡率上升。然而，但凡想活下来，虾虎鱼就必须迎难而上。

随着虾虎鱼不断深入岛屿腹地，地势越来越陡峭，溪流逐渐变成了瀑布，奔泻而下的水帘看起来似乎难以逾越，但它们没有退路，必须尽快离开汹涌的水流。虾虎鱼之所以能翻越瀑布，是因为其后期幼体个体从海水迁徙到淡水时会经历一系列变化。在踏上旅途的几天之内，它们的口部会从头部尖端转移到原来的下巴下方，以便刮食岩壁上的蓝藻。它们的下唇还会特化成吸盘，配合由腹鳍融合而成的腹部吸盘，将它们的身体牢牢地吸在瀑布下面的岩石表面，向上攀爬。它们逆流攀爬的方式有两种：一种是通过胸鳍快速内收，向上移动，再用吸盘固定身体；另一种是通过腹部吸盘和口部吸盘交替吸附岩壁，就像尺蠖幼虫那样，

▼ 数百万条虾虎鱼利用其口部和腹部的吸盘状鳍片，奋力在陡峭而湿滑的积水岩壁上向上爬，不过它们中的大部分会被湍急的水流冲下去。

▲ 虾虎鱼不仅面临着体力不支的
危险，还要时刻提防虎视眈眈
的捕食者。

缓慢地爬上瀑布。它们的口部运动方式也与其他虾虎鱼不同，它们会尽力将上颌向外伸，而不将下颌往回收得太多，这样就能够同时满足进食和攀爬两种需求。这种现象被称为"扩展适应"，是指在演化过程中生物的一种特征既能实现某种特定功能，随后又被选择出实现另一种功能。不过在虾虎鱼的例子中，很难说它们特化的口部先具有了哪种功能。

为了继续完成这段充满艰险的旅程，它们会成群结队地在岩壁上爬行。如果受到惊吓，它们就会接二连三地跳回下面的水中，就像墨西哥人浪[1]一般壮观。经过一番长途跋涉，它们抵达了一个似是旅程终点的地方。一条高达30米的瀑布飞泻而下，陡峭的岩壁若隐若现。但它们丝毫没有退却，唯一的选择便是继续前进。向上！向上！它们利用口部和腹部的两个吸盘将自己吸附在岩壁上，稍有不慎就有可能坠落下去，前功尽弃，只得重新开始。此等壮举，相当于人类试图爬上1000米高的瀑布。

数百万条虾虎鱼一起尝试向上攀爬，但是只有百分之一的虾虎鱼能够成功爬上瀑布顶端。除了路途遥远而崎岖，它们还要警惕沿途的捕食者。鸟类和蜥蜴等通常会在瀑布的顶端伏击虾虎鱼，而淡水龙虾和捕食性的金头虾虎（*Valenciennea*

[1] 这里是指体育比赛中看台上的观众按照顺序依次站起和坐下所形成的人潮的波浪起伏，因为最初被世人所关注是在1986年的墨西哥世界杯，所以被称为墨西哥人浪。——译者注

strigata）等则潜藏在一路上的溪流中。金头虾虎一般在河床上耐心等待，有猎物从头顶经过时就立刻发起攻击。为了躲避其攻击，有些鱼会离河床远一些。为什么这些虾虎鱼义无反顾地冲在前边呢？一方面是因为上游的捕食者更少，另一方面是因为上游的食物和领地等资源更充足。经历重重劫难，虾虎鱼抵达较为安全的内陆水域后，它们就可以吃饱喝足，开始求偶了。雄性往往占据岩石高地，以便炫耀身体上彩虹般绚烂的纹饰和图案。求偶成功的虾虎鱼完成交配后，雌性便将卵产在水中。孵化出来的幼体被水流带到下游，最终进入大海。它们会在海洋中生长发育，直到时机成熟，再像它们的父母那样踏上返回故乡的旅程。

　　大量虾虎鱼会在其生命周期的淡水生活阶段死亡，最终能够存活下来的都是它们中的佼佼者，而我们才刚开始了解这些令人惊叹的小生命。它们如此神奇而隐秘，以至于在世界各地，每年都有虾虎鱼科的一二十个新物种被发现和描述，这让虾虎鱼科成为了海洋脊椎动物中发现新物种数量最多的家族之一。虾虎鱼具有重要的经济价值，在西非及其近海岛屿上，从河口捕捞的虾虎鱼是当地人重要的蛋白质来源，然而人们对这些"peixinho"（在当地语言中表示小鱼）的生物学和生态学特性都知之甚少，捕捞计划也有待制订。微塑料问题也不容忽视，毕竟人们食用受到微塑料污染的虾虎鱼能否导致潜在的健康问题还是个未知数。

▲ 对于那些成功爬上瀑布顶端的虾虎鱼来说，河流上游等待它们的就像天堂，它们将在那里进食、交配和产卵，然后它们的后代会沿着让它们九死一生的同一条河流返回大海。

印河豚大转移

众所周知，地球上的淡水总量是有限的，而且其中大部分被冻结在冰盖中，所以人类必须想尽办法确保始终有足够的淡水，以满足日常饮用、农业和工业生产所需。常见的一种办法就是拦截河流筑坝，修建人工湖，这样就有淡水供人们随时使用了。大量淡水用于农业灌溉，而世界上最大的灌溉系统位于巴基斯坦。在巴基斯坦，水坝、防洪闸门和纵横交错的运河组成了一个庞大的人工淡水系统，使得印度河改道，灌溉原本为沙漠的干旱地区，灌溉面积相当于英格兰。但是，巴基斯坦的灌溉工程对世界上最为濒危的一种动物——印河豚（*Platanista gangetica minor*，在当地被称为Bhulan）的生存造成了不可磨灭的负面影响。

喜马拉雅山脉、喀喇昆仑山脉和兴都库什山脉上的冰雪赋予了印度河生机，季节性径流和18000多条冰川的融水源源不断地注入其中。印度河穿过旁遮普的干燥草原，最终汇入阿拉伯海。如今，在全球气候变暖的背景下，高山冰川的融化速度剧增，有的冰川甚至会永远消失，这改变了印度河的面貌。沿途的水坝截断河流来灌溉农作物，这些障碍更是对印河豚产生了持续性的影响。

　　印河豚及其生活在恒河中的亲戚都来自一个古老的鲸类家族——恒河豚科。现在的研究认为恒河豚科在约2900万年前分化出来，比现代海豚的分化要早约2200万年。印河豚与抹香鲸的亲缘关系更近，而与我们所熟悉的海豚的亲缘关系较远。印河豚最为显著的特征就是圆溜溜的小眼睛。印度河水的能见度不超过两米，可想而知，眼睛在这里几乎毫无用武之地。于是，印河豚的眼睛就开始退化，逐渐变小，视力也逐渐变差，因此印河豚又被称为"盲河豚"。

　　印河豚高度依靠回声定位方式进行导航、交流和捕食，它们的前额上出现了一个巨大的圆形器官（即额隆）[1]，科学家认为该器官相当于声透镜，能够放大其下方管道中产生的高频声波（也就是超声波）。由此产生的声波脉冲会被分为两道狭窄的锥形束，分别从额隆的背侧和腹侧投射出去。声波脉冲遇到物体被反射回来，随后印河豚在大脑中分析回声，从而刻画出其周围环境的声音地图。

　　印河豚主要以生活在河底的鲶鱼、鲤鱼和虾等为食，单独或两三只成群进行捕猎，不过二三十只印河豚偶尔一起活动也不足为奇。

---

[1] 国外的科学家将印河豚及其他淡水鲸类的这个器官形象地称为"melon"，直译过来就是"瓜形器官"，国内一般译为"额隆"。——译者注

▼ 这是9月中难得一见的场景。当印度河流经巴基斯坦的苏库尔市时，一只印河豚浮出了水面。在当地传说中，印河豚曾是一名女性，因为某天她忘记给一位圣人送吃的而受到诅咒，最终被变成了一只印河豚。

▶ 印河豚救援进行时！印河豚面临的主要威胁之一是在人们排水进行清理和维修时被困在运河中，此时救援队必须用一张横跨运河的大网来搜寻受困的印河豚。接下来就是救援行动中最为棘手的环节了，人们要把一只重达90~110千克、挣扎着反抗的印河豚从水中拖到船上。一旦被放到布担架上，它就会由卡车转移到印度河的主干道，不过在此期间，救援人员必须让它保持安静，无法挣脱，还要保证它的全身皮肤湿润，以防它脱水死亡。

印河豚觅食时会侧着身体游动，拖着一条鳍状肢在河底搜寻食物。哪怕在水深只有30厘米的河段，它们也能行动自如。每间隔1分钟左右，它们就会浮到水面，摆正身体进行呼吸，再旋转90度，侧身下潜。这一侧身游动行为在鲸类中非常特别，仅在印河豚和恒豚（*Platanista gangetica gangetica*）中可见。见到浮出水面的印河豚的概率很小，因为它们仅在水面上停留1秒钟，呼吸完毕，就会立即潜到河底。不过，它们确实倾向于在相对固定的位置重复出现。

与其他鲸类相比，印河豚幼崽独立得比较早，在出生后的几个月里就能独自活动了。它们能这么快地独立主要是因为在印度河中它们没有天敌，而且食物相对充足。成年印河豚和幼崽的胆子都比较小。和其他豚类不同，它们没有那么强烈的好奇心。

即便如此，它们还是不得不与人类打交道，而且是以糟糕的方式。它们很容易被渔网缠住；内河船只带来的噪声污染会干扰它们的通信、定位和捕食活动，而且船只经常将它们撞伤，甚至撞死；各种来源的化学污染物（如农业和工业废水等）流入印度河，而这些污染物可能影响印河豚的免疫和生殖系统，还会杀死印河豚赖以为生的鱼虾等。

在过去几十年，河流环境发生了翻天覆地的变化。河道疏浚破坏了河床和以河床为家的生物的生活，但最主要的问题在于水坝。这些水利工程也影响了印河豚的捕食，它们再也无法捕获孟加拉鲥（*Tenualosa ilisha*）。每到繁殖季节，孟加拉鲥就会离开海洋，迁徙至印度河产卵，但是水坝横亘其间，阻挡它们溯游而上。在印度河三角洲，孟加拉鲥是当地人和印河豚的重要蛋白质来源，但是以孟加拉鲥为主发展起来的渔业早已消失了，约9000个相关的工作岗位也随之被取消。

印河豚的栖息范围已经缩减为原先的20%，幸存的种群高度破碎化，形成了几个亚种群。由于上游和下游水坝的阻隔，一年中的大部分时间亚种群之间无法进行交流。当需要农业用水时，水坝的闸门就会被关闭，河水被引入运河。在1月的旱季，运河闸门会被关闭进行检修，此时水坝的闸门才会被打开，有的印河豚就会被困在运河中，等待着营救。在印度河中，少数印河豚会穿过水坝向下游游去，而且将不再逆流回到上游。在古杜堰坝上游，目前仅生活着不到180只印河豚。过去，在修建水坝之前，印河豚会在季风来临时的雨季逆流而上进入上游的支流，到了旱季再游回下游的主干道。但是现在它们无法再按照传统进行一年一度的迁徙了，不过情况还没有糟糕到无法挽回的地步。

1974年，第一个印河豚保护区建立起来了，该保护区位于大部分幸存下来的印河豚生活的古杜堰坝和苏库尔坝之间。随着印河豚捕杀活动的叫停，保护区取得了一定的成绩。此前，人们用鱼叉捕杀印河豚，将其分解后作为食物、鱼饵，用于制作传统药物和提取鱼油。因此，在30年前，印河豚仅剩下不到500只了。不过可喜的是，2011年的一项全面调查显示，至少还有1450只印河豚生活在印度河中。这是唯一数量不减反增的河豚物种。

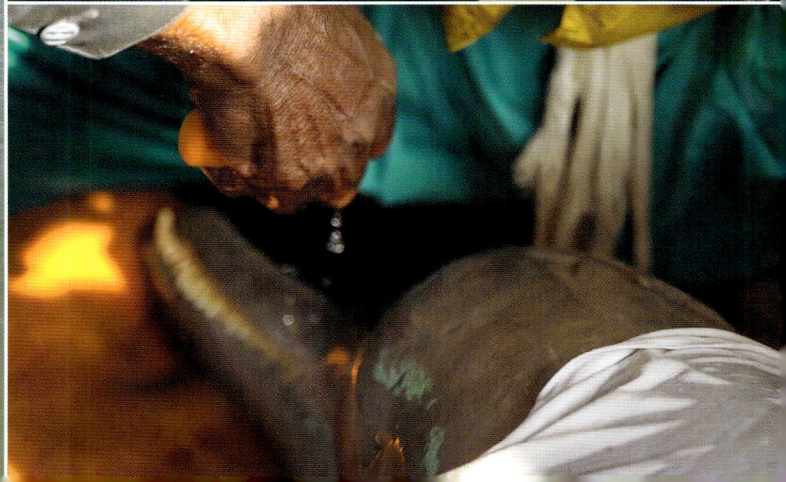

▲ 人们征用各种木筏或可以当作木筏的工具，将浮到水面的印河豚拖到岸边，然后将其尽快运送到印度河的主干道。

当地人在运河中开展的印河豚救援行动无疑是其数量增加的重要原因之一。若水被排干，印河豚就会被困住，这时救援的成功与否取决于水位的高低。河道中的水位越低，救援人员就越容易将印河豚救出，转移到安全水域。因为河道情况复杂，尤其是水位变化难以预测，救援并没有那么简单。首先，救援队需要找到并抓住印河豚，然后将这种长达2～2.5米、重达90～110千克的庞然大物抬上小船，赶紧划船到岸边，再将它们放在布担架上，开着卡车将其运送到主河道中。其间，印河豚的皮肤需要一直保持湿润，因为它们离开水后无法生存太久。这段看似简单的旅程往往要花费好几小时。它们的生存由救援队的救援速度和技术决定。救援队是拯救印河豚免于灭绝的英雄，他们以实际行动为生物多样性保护带来了鼓舞人心的消息，但无法否认的是印度河面临的生态问题越来越严峻。

据估计，大约1.5亿人依赖印度河的水源生活，到2050年，总用水量还要翻一番。实际上，印度河的困境只是全世界河流问题的一个缩影。现代人消耗掉大量淡水资源来维持日常生活。比如，制造一条牛仔裤就需要10000升水。这10000升

水中的三分之一用于种植棉花，其余三分之二则用于加工制造牛仔裤，这里还没有算上我们购买牛仔裤后反复清洗用掉的水，但这已经是不小的消耗了。根据英国机械工程师学会（Institute of Mechanical Engineers, IME）的数据，在养殖场中每生产1千克肉类，就需要5000～20000升水，而生产同样重量的小麦则只需要1000～2000升水。如果这已经让人感到惊讶了，那么巧克力爱好者就要注意了，接下来的数据可能会让你们大吃一惊。生产1千克巧克力所需的水高达17196升，可是生产1千克土豆只需要287升水。在全球范围内，我们每年要用掉约3.8万亿立方米淡水，其中70%用于农业生产，而这一数字到2050年将增至10万亿～13.5万亿立方米。我们需要警醒的是，所生产食物中的50%都将成为废物，就像IME所说的"在抵达人们的胃之前就消失了"。

　　淡水资源对人类来说非常宝贵，我们理所当然地会去寻找水、使用水，甚至改变了水，但是我们绝不应该忽视水也是地球上无数生灵所必需的，离开了水，它们就无法生存。淡水是地球生机勃勃的根本之源。

第4章

密林之中

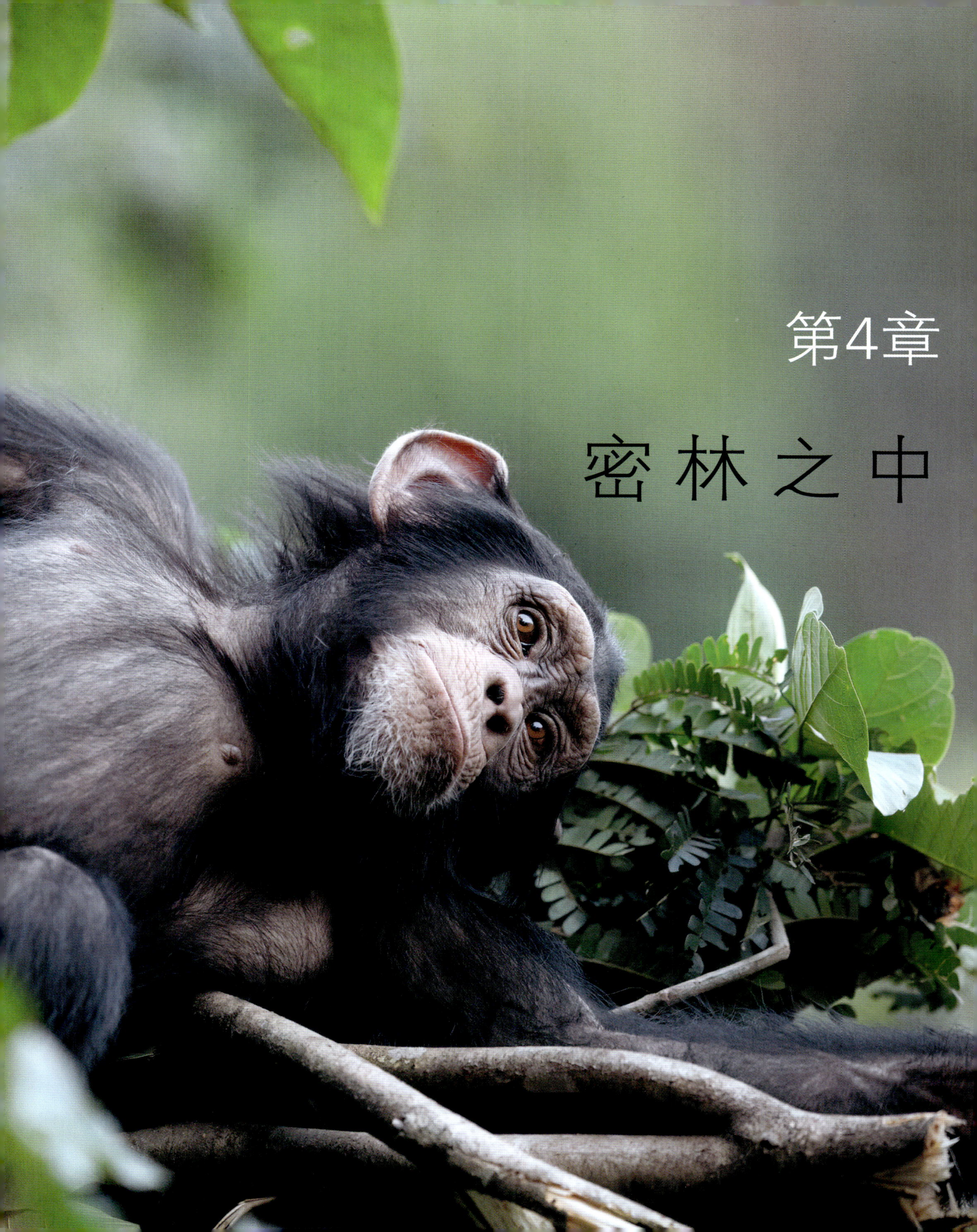

森林和人类之间的渊源可以追溯到很久以前。在世界各地，具有不同文化背景的人都在讲述魔法森林、神兽和在密林中发生的那些难以解释的奇事，如欧洲针叶林中的山怪巨魔、希腊的橡树精灵（森林女神）以及南美洲雨林中流传的可可人（一个在夜间出现而从未被真正见过的恶魔）。

这些故事描述了森林曾经覆盖大半个地球表面的时代，但是数千年来，人们砍伐树木来造房子和取暖，清理土地种植农作物或放牧，导致地球上约三分之一的森林就这么消失了，不计其数的生物也因此面临着前所未有的灭绝危机。

森林充满了生机活力，各种各样的生物齐聚在此，有的可能会从树上掉下来，有的可能会从土里钻出来。此处就像动植物乐园，它们或出现在森林顶部，或生活在森林底层，或散布其间，好不热闹。虽然有的动物会隐藏起来，我们很

难发现它们，但是在如此复杂的生态系统中，各种生物的命运息息相关。如果其中一种生物消失了，与其相关联的生物就无法幸免，甚至会导致整个食物网崩溃。最为典型的例子莫过于油棕（*Elaeis guineensis*）和桉树等单一种植园所形成的绿色荒漠了。由于缺乏一系列生物，也就是科学家所谓的生物多样性，就自然环境而言，这样的森林其实已经死了。巴西的桉树种植园中没有鸟儿的婉转歌声，只是一片寂静，这与在塔斯马尼亚由杏仁桉（*Eucalyptus regnans*）、香桃木冠青冈（*Nothofagus cunninghamii*）、蓝桉（*Eucalyptus globulus*）及其他桉属物种组成的古老森林中的感觉截然不同。在未来，本地森林的保护是一大挑战。除了保护生物多样性，森林还是重要的碳库，它们为我们提供氧气，它们储存大量水资源并能有效地减缓干旱，它们还是挽救生命的药物宝库。全世界都需要健康的森林。

从上到下

乍一看，热带雨林似乎沉闷而单调，但越仔细观察，你就越会发现热带雨林实际上是一个喧闹而又充满活力的生态系统，由一个个层层叠叠、相互交织的生命乐园共同构成。最底层，也就是热带雨林的地面层，往往幽暗阴森，在高达30米的树冠的阻隔下，能抵达这里的光线寥寥无几，只有树木和其他植物的根盘踞于此。上面的林下层被低矮的灌木和其他树木的幼苗占据。在巨树倒下之前，它们都必须在这里耐心等待。只有巨树倒下，开辟出林窗，它们才能沐浴阳光，向着高处进发。再往上就到了树栖动物的乐园——树冠层，在那些人迹罕至、未经破坏的热带雨林中，树木高耸，枝叶繁茂，横向铺展的树冠如同屋顶一样遮天蔽日。这里的动物很少下到地面，有的甚至一生都待在树冠层。另外，还有零星探出树冠层的树木，高者甚至超过70米。在这里，它们享受最多的阳光，也经受最猛烈的风雨侵袭。猴子在高枝间啼鸣，鸟儿在空中翱翔，藤本植物为了获取阳光，从地面不懈地向上攀爬，直抵树冠层，为那些在热带雨林不同层次间移动的动物铺设了一条条高速公路。在高处，有一些植物并不是从地面爬上来的，而是直接长在树上。那就是附生植物。有的附生植物（如凤梨科）的叶片会围起来形成迷你池塘，在高空中为青蛙、蝾螈、蛇、昆虫甚至淡水蟹等小动物提供淡水栖息地。

拥有北美红杉（*Sequoia sempervirens*）和巨杉（*Sequoiadendron giganteum*）的温带雨林、拥有橡树和白蜡树的温带落叶林以及拥有大片大片针叶树的泰加林等其他类型的森林和热带雨林相似，也有这种基本的分层结构，但热带雨林中的野生物种数量超过了它们的总和。

▶ 在加里曼丹岛沙巴州丹浓谷的低地热带雨林中，一棵高耸的凤眼木（*Koompassia excelsa*）探出树冠层，沐浴着阳光。

▼ 一只扁嘴山巨嘴鸟（*Andigena laminirostris*）停歇在厄瓜多尔西北部明多谷的安第斯云雾林中，这里的海拔约为1250米。

▲ 犀鸟的繁殖季节从1月开始，因为此后雨水充沛，果实丰富，它们能找到足够的食物来抚育雏鸟。

画地为牢

在原始森林向单一种植园转变的过程中，有一类动物深受其害，那就是犀鸟。在加里曼丹岛的热带雨林中，栖息着几种色彩艳丽的犀鸟，其中的皱盔犀鸟（*Aceros corrugatus*）和十分稀有的盔犀鸟（*Rhinoplax vigil*）因单一种植而受到威胁，而冠斑犀鸟（*Anthracoceros albirostris*）似乎能够适应这一变化。

在这个岛上，大面积的原始森林被清除，取而代之的是一排排整齐的油棕，这对终身坚持一夫一妻制的犀鸟来说是不小的挑战。在繁殖季节，它们需要在原始森林的树洞中筑巢，然而合适的树本就不多，而且相距甚远，现在就更加珍贵了。环境保护者为它们搭建的人工巢穴很快就会被别的动物（如松鼠和蜥蜴等）占据，因为那些动物也需要筑巢、栖息和躲避捕食者。

一旦犀鸟在高处找到了远离地面捕食者的理想筑巢地点，它们就可以准备繁殖了。如果没有找到特别心仪的树洞，那么犀鸟只能将就，因为它们无法自己挖

▲ 在雏鸟离巢之前，雌鸟一直把
自己关在巢穴中。在此期间，
雄鸟会从森林中为雌鸟带回富
含脂肪的果实和昆虫等食物。

洞，而是依赖老树主干上树枝断落后留下的空洞。这些空洞往往因为心腐病而越来越大。在啄木鸟和蜂群的帮助下，洞口也会不断扩大。如果树洞足够大，能够容纳一个犀鸟巢，犀鸟就要开始忙碌起来，它们接下来的做法虽然看似古怪，却非常有效。

　　雌鸟会进入树洞中，用雄鸟四处收集来的泥巴将洞口封住，仅留下一条狭窄的缝隙，以便雄鸟将食物送进来。接下来的3个月里，雌鸟一直待在树洞中产卵、孵卵和抚育雏鸟。与此同时，雄鸟也不会闲着，要承担觅食的重任。犀鸟的食物相当多样化，雄鸟可能会带回果实、大型昆虫、千足虫、幼鸟、鸟卵、小型爬行动物和哺乳动物等。有些技艺高超的雄鸟还擅长捕捉蝙蝠。

　　当雏鸟准备好离巢时，雌鸟就会啄开洞口，离开这个困了它3个月之久的临时巢穴。如果雏鸟没有紧随雌鸟出来，雌鸟会将洞口重新封住，等雏鸟的羽翼再丰满些。

▼ 角蝉的英文俗名"treehopper"[1]的来源有两个。一是除了少数种类栖息在草地或灌木丛中外，它们中的大多数生活在树上。二是在受到惊扰时，它们会迅速跃起。后腿股骨处的特殊肌肉能让它们在瞬间跃起，产生的力量明显强于一般肌肉。科学家由此猜测，角蝉的跳跃可能得益于"类弹射器力量放大机制"。

拟态大师

世界各地的各类森林孕育了丰富多样的动植物，其中热带雨林被视为地球上生物多样性最丰富的陆地生态系统，那里栖息着令人惊叹的昆虫种类。亚马孙热带雨林中可能栖息着约250万种昆虫，而它们中的许多尚未被鉴定和分类。若论其中最怪异的昆虫，角蝉绝对排得上名号。角蝉其实是犁胸蝉科、美丽蝉科和角蝉科昆虫的统称，全世界已知的角蝉约有3200种，还有很多未被科学描述和命名。在南美洲已知的角蝉中，接近四分之一的种类可以在厄瓜多尔找到。这里的角蝉颜色之绚丽、形状之多样，真让人叹为观止，它们绝对是地球上最怪异的昆虫类群之一。

---

[1] "treehopper" 拆解开来就是 "tree" 和 "hopper"，其中 "tree"（树）代表了大部分角蝉的树栖性，"hopper" 则有跳跃之意，描述了角蝉擅长跳跃这一习性。——译者注

角蝉之所以演化出这样的形态，是因为它们的体形太小了，有的甚至不及大头针的针头。在周围满是虎视眈眈的捕食者的热带雨林中，如此微小而柔弱的它们需要一些特殊方式来保护自己。因此，角蝉演化出了几种巧妙的防御策略——伪装、武装和贝氏拟态（试图让自己看起来不好惹）。这些策略都离不开角蝉的前胸背板。前胸背板是位于角蝉头部后方前胸胸节上的一块骨板，某些角蝉的前胸背板十分突出，而且形态各异。在长期的演化中，前胸背板这一特殊结构千变万化，使得有的角蝉看起来就像捕食者唯恐避之不及的其他生物，或者像植物的某个部分。于是，角蝉就变成了种子、叶子或荆棘，变成了黄蜂、蚂蚁，甚至是对昆虫来说致命的真菌子实体。例如，犄角蝉属（*Bocydium*）昆虫的前胸背板看起来就像进入蚂蚁大脑并对其进行致命控制的线虫草属（*Ophiocordyceps*）真菌。

▲ 角蝉用口器刺穿植物的茎秆，吸取其汁液为食。那些没有被消化的汁液（即蜜露）则会被角蝉排出体外。不过，蜜露并不会被浪费，蚂蚁和蜜蜂等昆虫会取食这些蜜露。作为交换，这些具有攻击性的昆虫会保护角蝉。

尖枝背角蝉（*Cladonota apicalis*）是形态最为奇特的角蝉种类之一，这种热带角蝉广泛分布于整个南美洲。枝背角蝉属（*Cladonota*）物种多为独居性的，不过有些也会聚集到一起，三五成群。

无论形态多么奇特，大部分角蝉以植物汁液为食，它们的刺吸式口器由两根锋利的吸管构成，能轻易刺穿植物的茎秆。一根管子向植物注射唾液，防止植物产生防御反应而修复伤口；另一根管子负责吸出汁液。有的角蝉物种在短暂的一生（通常为几个月）中会选择待在同一根茎秆或树枝上，默默地吸食，从此不再挪窝。除了富含甜蜜的汁液，植物茎秆还是角蝉的通信工具，它们通过轻微的震动来相互交流。它们用腹部晃动植物的茎秆，由此将信息传递给远至大约两米的小伙伴。相互交流时，有的角蝉像在演奏邦戈鼓[1]。科学家才开始破译角蝉的通信密码，他们认为角蝉以此来警告同伴"敌人来啦"，或者和同伴分享最佳的汁液取食点，甚至借此向心仪的对象诉说心声。

交配后，有的雌性角蝉会用锯齿状的产卵器切开植物茎秆，将卵藏在缝隙间，而有的则将卵小心翼翼地放置在叶子正面或背面。还有少数角蝉，如长得像蝉一样的网翅梨胸角蝉（*Aetalion reticulatum*）会细心照料和保护卵块，直到孵化出的若虫长大离开。网翅梨胸角蝉妈妈会在孩子们周围待上一个月甚至更久，它高度紧张，会倾听孩子们通过植物茎秆传来的声响。入侵者会被它振动的翅膀或具有警戒标志的强健后腿赶走。它发出的嗡嗡声或做出的踢腿行为足以赶走大多数小虫子，而碰上像猎蝽这样的强敌时，它另有妙计。

一旦猎蝽开始攻击网翅梨胸角蝉若虫，在一旁随时待命的无刺蜂群就会迅速飞来，猛烈撞击入侵者。猎蝽就这样从树枝上跌落到地面，危机随之解除。角蝉会给无刺蜂一份报酬，只要无刺蜂用触角轻轻挠一挠网翅梨胸角蝉若虫，它们就会得到美味的蜜露。这种互利共生关系并不仅仅发生在网翅梨胸角蝉和无刺蜂之间，很多种类的角蝉都能与蚂蚁、黄蜂甚至壁虎等其他动物形成类似的关系。角蝉通过腹部敲击植物茎秆来与这些动物交流。看来，它们不仅是优秀的拟态大师，更是出色的跨物种沟通大师。

---

[1] 邦戈鼓是一种用手指扣击的鼓，源自拉丁美洲，以两个不同大小的单皮鼓为一组，二者通过铁皮或者木头接驳在一起。邦戈鼓小巧，便于携带，演奏者可将其抱在身前或夹在双腿之间进行演奏。它的音色高昂嘹亮，极具穿透力。——译者注

森林猎手

　　森林中的神秘生物往往深藏不露。在吉卜林的《丛林故事》[1]中，所有角色都藏身于印度的卡比尼森林中，老虎谢尔汗、亚洲象哈希和加吉尼、猴子邦达洛格和懒熊巴鲁都从茂密的灌木丛中缓缓走来，这些灌木丛被人们称为丛林。在现实中，我们真正需要警惕的森林动物中还有一种未能进入《丛林故事》的掠食者——豺（*Cuon alpinus*）。

　　豺又称为亚洲野犬，其皮毛有时呈现出一种耀眼的亮橙色。在印度，通常5~12只豺为一群，一起生活，也有成员多达40只的庞大队伍。从专业角度来说，它们并非一个群体，而是一个集团，为了方便狩猎才聚集成群。在春季，较大的集团可能会分裂成几个小集团，以三五只为一群。这是协作猎捕鹿的最佳组合，能使利益最大化。

　　豺的猎捕对象主要是成年鹿，它们也会猎捕体形更大、肉更肥美的水鹿（*Rusa unicolor*）以及纤细一些的斑鹿，甚至曾经成功猎杀过体形超过它们20倍的印度野牛（*Bos gaurus*）。当狩猎开始时，集团会分成几个做过充分演习的小组，其中一个小组埋伏在猎物前方，准备袭击，而其余小组负责追击。豺最喜爱的猎物雄鹿长有庞大的鹿角，这会影响它们在丛林中快速奔跑。因此，雄鹿很可能会跳进湖或者河流中逃跑。豺也不会退缩，而是紧随跟其后，尝试在水里捕获猎物。一旦猎物成功逃脱，伏击小组就该出场了。豺会通过口哨声或其他声音（哀鸣声、吱吱声、低吼声和尖叫声等）进行实时交流，在复杂的丛林环境中协作狩猎。尖叫声用来提醒同伴注意危险，而重复的口哨声则表示呼唤，用来在狩猎过程中或狩猎完成后相互识别身份，并重新集合队伍。这些特定频率的声音信号能在林间有效传播，使得它们在看不见同伴的情况下也能配合默契，共同完成狩猎。

　　豺是非常高效的捕食者，但它们并不会破坏森林中的生态平衡；相反，它们是维持森林生态健康的一个重要因素。得益于豺对鹿以及其他食草动物的猎食，幼苗才有机会长成参天大树。豺和其他捕食者（如老虎）在林中狩猎时，会不断驱赶食草动物，从而避免某些区域受到过度啃食。豺实际上在促进森林生长。在20世纪，豺从其历史分布范围内60%的地区消失了。导致它们数量锐减的因素很多，包括猎物数量的减少、因攻击牲畜而遭到的捕杀、家犬传播的致命疾病、与老虎等捕食者的生存竞争，当然还有森林家园的丧失。豺和所有森林居民一样，都面临前所未有的挑战：原始森林遭到砍伐，被单一种植园所取代。无论哪种情况对豺来说都不是什么好消息。

　　豺的体形接近德国牧羊犬，不过它们更像长腿的狐狸。它们有着极其矫健的身手——跑得快，跳得高，还擅长游泳，这些都是在森林中必不可缺的狩猎技能。它们与另外两种顶级捕食者老虎和豹生活在同一片丛林中，因此它们必须时刻保持警惕，搜寻任何可能的猎物，同时还要保证自己不会成为别人的盘中餐。

[1]《丛林故事》为英国作家吉卜林（1865—1936）所著的虚构故事集。作品以神秘而具有异域风情的印度丛林为画卷，讲述了狼孩毛克利与印度丛林动物之间的故事，通过拟人化的动物给予人们道德上的训诫。——译者注

恰逢其时

▶ 每只挤在美洲冷杉上的君主斑蝶都飞越了数千千米。有的从美国北部或中部飞来，有的从加拿大南部飞来。虽然山水有异，它们却为着同一个目标而来。没有一只从前来过这儿，它们完全凭着本能进行迁徙。抵达墨西哥后，它们便紧紧抓住美洲冷杉的枝干。虽然有6只足，但是君主斑蝶的两只前足小且紧贴在身体两侧，所以它们仅用后4只足来抓握和爬行。

▶▶ 第138和139页图：树上栖息着大量君主斑蝶。

墨西哥的美洲冷杉（*Abies religiosa*）森林是气候凉爽而湿润的旧时代的自然遗产。随着气候变暖，美洲冷杉逐渐退缩到跨墨西哥火山带的山坡上，海拔在2400米到3600米之间。那里时常有云雾弥漫在山巅，如梦如幻，凉爽而湿润，正是美洲冷杉喜欢的生长气候。因为常被用作圣诞节等宗教节日的装饰，美洲冷杉又被称为"神圣冷杉"。这些位于山脉上部的美洲冷杉还是分布于北美地区的君主斑蝶（*Danaus plexippus*）[1]越冬时的落脚点。君主斑蝶集群的规模庞大，但是越冬地的栖息空间是有限的，因此在向南迁徙的旅途中，君主斑蝶的路线必须非常精准，以免错过美洲冷杉林。

君主斑蝶从北至加拿大的地方，不远千里飞到这里，随后便前往4个核心栖息地。早到的君主斑蝶不会一下子就安顿下来，而是会在美洲冷杉林间飞舞、徘徊，形成许多分散的小型蝶群。冷风吹，凛冬至，随着冬季渐深，君主斑蝶开始布满树干，紧密地聚集在一起，形成4个主要的越冬蝶群。虽然每年在各个山头越冬的君主斑蝶数量有些差异，但是算上在美国加利福尼亚州越冬的君主斑蝶，在合适的年份其总数能超过10亿只，着实令人惊叹。

君主斑蝶来此越冬，它们将翅膀合拢，像极了一片片挂在树上的冬季枯叶，那些恰巧途经此地的人甚至不会意识到许许多多蝴蝶此刻正在他们的头顶上沉睡。

君主斑蝶更喜欢老树，因为其厚实的树冠能为它们提供更多的庇护。君主斑蝶喜欢凉爽天气，却不能忍受长时间的寒冷。如果气温降到冰点以下，它们就有被冻死的风险，而且在潮湿环境中被冻死的风险更大。在冬季的风雪过后，天空通常会放晴，没有云层遮挡，热量丧失得更快，森林也随之迅速降温。君主斑蝶聚集在树冠上抱团取暖。实际上，它们受到双重保护——一层由蝶群形成的毯子，一把由美洲冷杉树冠形成的巨伞。粗壮的树干和排列紧密的树枝也起一定的作用。树越大，毯子效应[2]越强，保温效果也就越好。春季来临，那些熬过严冬的君主斑蝶逐渐苏醒，结束滞育状态，沿着昆虫中最漫长的迁徙路线之一，向北踏上新的旅途。

迁徙途中本就充满意外，许多君主斑蝶因此丧生，而现在盗伐森林又摧毁了古老的美洲冷杉林，取而代之的是一些年轻的、稀疏的树木，它们已经不再能庇护君主斑蝶了。科学家对此忧心忡忡，美洲冷杉林为君主斑蝶所创造的微气候正如此迅速且剧烈地发生变化。一旦失去美洲冷杉林提供的完美栖息地，大量沉睡在墨西哥的君主斑蝶可能再也无法醒来。

---

[1] 君主斑蝶有两个亚种，书中所指的是分布于北美地区、具有长距离迁徙行为的指名亚种——迁徙型君主斑蝶（*Danaus plexippus plexippus*）。而君主斑蝶的普通亚种（*Danaus plexippus megalippe*）则不会进行长距离迁徙，仅进行从低海拔到高海拔或者从海岸到内陆的短距离季节性迁飞。——译者注

[2] 毯子效应在气象学中通常指云层或大气层对地球表面起到保温作用，类似毯子覆盖在身体上起到保暖的效果。这种效应可以阻止地面的热量散失到太空，从而维持地球表面的温度。此处将云层或大气层对地球的保温作用引申为美洲冷杉的树冠、树枝对君主斑蝶起到的保温作用。——译者注

罕见的灵熊

雨林不仅存在于热带地区，温带也有，它们的共同特征是降雨奇多。在北美洲西北部，加拿大的大熊雨林是一个面积和爱尔兰差不多的非常特别的地方，就是典型的温带雨林。沿海温带雨林是地球上最稀有的生态系统之一，邻近太平洋，凉爽而湿润的空气为这里的冬季带来了大量降雨，年降雨量高达3000～5000毫米，使其成为了世界最湿润的非热带地区之一。大熊雨林冬季多雨，夏季则多雾。雾滴会在针叶和其他叶片尖端汇聚，形成更大的水滴，滴落到地面，以此来维持大熊雨林夏季的正常运转。夏季比较凉爽，冬季气温有时会降至冰点以下。相对于热带雨林，温带雨林显得更加静谧。树木生长缓慢，寿命却很长，有些树成了雨林中的巨人，寿命甚至超过1000岁。在这古老的林间居住着世界上最为神秘的哺乳动物之一——灵熊（*Ursus americanus kermodei*）。

灵熊是美洲黑熊（*Ursus americanus*）的一个白色亚种，也就是说它们本质上还是美洲黑熊，而美洲黑熊中只有一小部分为灵熊。和北极熊（*Ursus maritimus*）类似，灵熊拥有白色或乳白色的毛发，但它们并非白化病患者，其毛发下的皮肤、鼻子和眼睛具有正常的色素分布。灵熊和其他美洲黑熊的毛色存在差异仅仅是因为一个隐性基因[1]，该隐性基因抑制了黑色素的形成。当父母双方都携带这

▼ 这是一只美洲黑熊，反常的是它并不是黑色的，而是白色的。其实，它属于美洲黑熊的亚种之一——灵熊（也被称为柯莫德熊）。在加拿大不列颠哥伦比亚省原住民的口述历史中，灵熊的地位十分特殊，同时它们也是这个加拿大最西省份的代表性哺乳动物。

[1] 美洲黑熊出现白色变种的原因是黑素皮质激素受体-1（MC1R）基因出现了突变，该基因的突变也决定了人类的红色头发这一性状。——译者注

一隐性基因时，它们诞下的后代就是白色的。白色为隐性遗传，因此父母中仅有一只为灵熊时，它们诞下灵熊后代的概率微乎其微。没人知道大熊雨林中究竟有多少只灵熊，但可以肯定的是灵熊的总数不会超过150只，所以亲眼看到灵熊实在是一种非常美妙的体验。

最年长的灵熊是一只被吉特加特原住民社区称为"女士"的雌熊，它已经在大熊雨林里生活了20年。在拍摄期间，它大部分时间藏在密林里，只有到了秋季那短暂的两个月，它才会出现在河边。这也是人们看到它的为数不多的时候。它前往河边捕鱼，而它的主要目标是鲑鱼。

这只年迈的雌熊和其他灵熊一样，在夏季的大部分时候采集浆果和植物的其他可食用的部分为食，到了秋季则依赖鲑鱼生存。有趣的是，白色熊在白天捕捉鲑鱼的成功率远高于黑色熊的。这是因为以鲑鱼的视角从水中向上方看时，在明亮的日光背景的映衬下，白色的毛发比黑色的毛发更难被察觉，因此灵熊的捕鱼成功率自然也就更高了。

灵熊所捕食的鲑鱼是洄游性鱼类，它们在海洋中生长、发育，成熟之后又游回其诞生的河流。鲑鱼来此是为了繁殖，因此雌鱼体内充满了营养丰富的卵。为了躲避体形更大、战斗力更强的灰熊（*Ursus arctos horribilis*），灵熊会将捕获的鲑鱼带回森林深处享用。灵熊进食时比较马虎，通常不会将鲑鱼啃得干干净净，森林里的树木因此得到了额外的营养。据估计，距离河流不远的大部分树木所需的氮元素正是由鲑鱼尸体所提供的，所以灵熊对于维持森林的健康起到了至关重要的作用。

没人知道这只年迈的雌性灵熊还能守护这片森林多久。自从《地球脉动III》的摄制组于2019年拍摄到它以来，就再也没有人见到它了。人们猜测，最坏的情况莫过于它已经死了。即便如此，它的精神仍在，至少存在于它的尸体腐烂、分解后所滋养的这片森林。20年的寿命对美洲黑熊来说并不算长，在野外它们通常可以存活25年之久。然而，在这个充满不确定的时代，加拿大的灵熊又如何独善其身呢？它们未来该何去何从呢？这也是世代守护大熊雨林的吉特加特原住民最关心的一个问题。

灵熊是当地民间传说中的重要角色。它们的白色毛发被视为大约在11000年前就已经结束了的最后一个冰期的象征，那时太平洋东北地区正被永久冰雪所覆盖，美洲原住民的祖先通过连接北美洲和亚洲的白令陆桥迁徙至此。从此，他们以陆地上和海洋中的自然资源为生，也世世代代守护着这里。19世纪，当欧洲殖民者为毛皮而肆意猎杀灵熊时，当地人将灵熊藏起来，与毛皮商人斗智斗勇。

"女士"的一生中发生过许多事，并非事事如意。近年来，它和其他灵熊的处境越来越糟糕。山谷中那些屹立千百年的大树一棵一棵被砍伐、倒下，野生鲑鱼种群也因为气候变化和人工养殖的影响以及鱼类寄生虫的大面积感染而逐年缩小。更糟糕的是，加拿大政府提出了"北方门户管道"项目，规划中的油气管道

▼▶ 和其他熊类一样，灵熊在大部分时候是杂食动物，食物以浆果和植物的其他可食用的部分为主。但到了秋季，鲑鱼就成了它们的主要食物。每年的这个时候，鲑鱼会沿河洄游，游向上游的产卵地。灵熊会耐心地守在河岸边，拦截途经的鲑鱼。它们捕捉鲑鱼的技巧已经相当娴熟了。

将穿越多个原住民社区，跨越785条河流，并且将大熊雨林一分为二。该项目计划建造两条管道，一条负责将油砂运输到海岸，另一条则输送一种稀释剂，以便使黏稠的油砂能够流动。届时，装载着原油的超级油轮将经过"女士"的家门口，沿着以航行难度极大著称的道格拉斯海峡，冒着发生灾难性漏油事件的巨大风险航行。2005年，当这一计划首次被提出时，对灵熊来说，形势看起来非常不妙。吉特加特原住民勇敢地站了出来，为保护大熊雨林、灵熊以及其他野生动植物积极发声。

2011年，在哈特利湾举行的一次地方听证会上，原住民代表有理有据、充满激情地对该项目提出了反对意见。其中一位代表将这个项目比作过去为原住民带来灭顶之灾的天花的引入。另一位代表则提醒道，当地的天气瞬息万变，很有可能使船只陷入危险之中。2006年"北方女王号"滚装船沉没，至今仍污染着当

地渔场。渔民们对政府所给出的"双壳油轮很安全"这一承诺毫无信心，并戏谑道"除非掌舵的不是人类"。

　　吉特加特人并非在孤军奋战，来自加拿大各地的60个原住民社区均提供了相关证据，自然资源委员会的6万名成员和支持者发送了邮件，他们都反对该项目的实施。于是出现了加拿大历史上最严格的监管审查之一：历经了180天听证，积累了175000页证据，收到了9400封信件，进行了1179次口头陈述和389次证人陈述。一个三人小组评估了所有材料，最终以该管道项目"符合加拿大的公众利益"为由，建议驳回反对意见。吉特加特人的希望破灭了，这是一个灾难，但事情并没有就此结束。联邦政府的一些成员对此持不同意见，他们认为："这不符合受到项目直接影响的原住民、大熊雨林以及道格拉斯航道环境的最佳利益"。于是，这片珍贵的温带雨林和其中罕见的灵熊暂时安全了。

▲ 只有在捕鱼的时候，灵熊才会出现在河边，其他时候它们更喜欢待在森林中，连捕获的鱼也要带回森林享用。它们吃东西时并不细致，吃剩的鲑鱼散落林间，腐烂后释放出营养物质，滋养着周围的树木。

奇妙的木维网

当灵熊吃剩下的鲑鱼散落在林间时，这些富含营养的动物残骸并不能被树木和其他植物直接吸收，还需要真菌和细菌等微生物帮忙。在很多人的印象中，真菌唯一可见的迹象便是在湿漉漉的秋日清晨突然冒出来的一朵朵蘑菇，而森林中真菌的奥秘远不止于此。我们肉眼可见的蘑菇只是真菌的子实体，只有当真菌需要繁殖、散布孢子时才会从地下冒出来。真菌的核心活动区藏在地表以下，那里的真菌菌丝可以绵延数千千米。菌丝纵横交错、相互连接所形成的聚合体称为菌丝体。菌丝深入土壤，有些缠绕在树木和其他植物的根部，共同形成菌根网络〔也称为木维网（Wood Wide Web）〕。菌根网络如此庞大，大到1千克土壤中所含有的菌丝就长达200千米。除了帮助植物运输水分和养分之外，菌根网络极大地增加了根系的吸收面积，这意味着植物可以更加有效地吸收水分以及其他必需的矿质元素，如磷、锌、锰和铜等。此外，真菌还能帮助植物从土壤中吸收氮元素。

菌根网络的另一个显著作用是能够"沟通"相邻的植物，该现象由加拿大生态学家苏珊·西马德于1997年在不列颠哥伦比亚大学发现。最初，科学界对此表示怀疑。苏珊利用树木间稀有碳同位素示踪法[1]进行研究，她发现当秋天叶子凋落时，桦树从花旗松（*Pseudotsuga menziesii*）那里获得碳元素，而到了春夏两季，桦树又将碳元素传递给位于荫蔽处的花旗松。这就涉及现在科学家所说的菌根网络，这一网络使得不同植物之间能够共享水分、矿质营养以及生长所需的其他物质。例如，林下阴暗处的幼苗可以从更高、更年长的树木那里获得必需的养分。此外，当植物受到害虫或者疾病的攻击时，菌根网络还能传递防御信号。作为回报，真菌可以从植物那里获得它们通过光合作用产生的糖类。

这种共生关系存在的关键在于母树（也称为核心树）。母树通常是那些较为年长的树，它们的根系深植于土壤中，分布甚广，而且与很多真菌相连，因此能够利用小树无法触及的水源。除了向幼苗提供水分和养分外，母树还能察觉到周围树木的健康状况，在邻居们需要时伸出援手。菌根网络是一种服务于整片森林的奇妙网络。

[1] 同位素示踪法是一种利用同位素（同一种元素具有不同中子数的原子）来跟踪化学、生物或物理系统中物质的运动或转变的技术。同位素可以通过其质量、辐射或磁性来检测，并且可以揭示有关物质的反应途径、代谢过程或分布模式的信息。同位素可以是稳定的，也可以具有放射性，具体取决于它们是否随着时间的推移而发生衰变。该技术最早由瑞士籍匈牙利裔化学家乔治·德·海韦西（1885—1966）开创，他还因此获得了1943年诺贝尔化学奖。——译者注

母树的消亡

在南美洲的热带雨林中，吉贝被认为是菌根网络中的母树。吉贝是真正的巨树，成熟时高达60～70米，挺立在树冠层之上。它们的浅根系呈辐射状从树干向四周延伸50米以上，在菌根真菌的协助下，从热带雨林贫瘠的土壤中吸收养分。为了保持直立，它们还需要更为坚固的支撑，其树干基部具有高达5米的板状根，可以分散树干所承受的压力。吉贝的枝干向四周伸展，掌状叶片茂盛，树冠宽达60米。到了繁殖季节，一棵大型吉贝所产生的果实多达4000个，每个果实中含有约200粒种子。当果实成熟开裂时，80万粒种子就会随着棉絮状纤维附属物飞舞，散布在整片森林中。

在树冠层之中，有一个远离森林地面、生活在高空中的完整动植物群落。长戟大兜虫（*Dynastes hercules*）是世界上最大的昆虫之一，它们沿着树干或者攀缘植物努力爬升到树冠层的低处。鸟儿在高处筑巢，猴子等哺乳动物则将树枝作为移动通道。无法靠自己抵达阳光明媚之处的附生植物依附在树干上。边缘叶蛙（*Cruziohyla craspedopus*）终生生活在树冠层，时常以一种生长在高空中的凤梨科植物为家，它们会在积水凤梨叶片中心所形成的微型池塘中产卵。

若森林变得异常安静，就意味着这里出了问题，就像暴风雨来临前的宁静。很快，森林里就传来了机械工作时的响声，那是电锯的声音。然后，伴随着一声巨大的爆裂声，一棵巨树倒下了。它经过数百年才长成一棵参天大树，成为了无数生灵赖以为生的家园，却在短短几分钟内就被摧毁了。不久以后，它将被切割成加工廉价胶合板的主要原料，而森林的心脏自此留下了一个丑陋的、无声的空洞。类似的砍伐事件正在世界各地上演，一棵棵巨树应声倒下，地球上幸存的巨树已经越来越少了。联合国粮食及农业组织估计，全球只有一块面积相当于欧洲大小的区域还保留有原始森林。据估计，在美国（不包括阿拉斯加），欧洲殖民者到来时尚存的原始森林如今已经不足五分之一了。根据世界自然保护联盟的数据，这些原始森林（即没有明显人类活动痕迹和生态过程没有被显著干扰的原生树种森林）仅占全球所有"森林"的三分之一左右。

绿色荒漠

在全世界范围内，古老的树木正被大量替换，新种植的树木太年轻，与庞大的地下菌根网络的连接较少，而且它们通常都是单一种植的非本地物种。在巨大的种植园中，一眼望过去都是相同的植物，无边无际。这就是巴西东部的大西洋沿岸雨林的真实写照。在这个受损最严重的地区之一，原始森林几乎被砍伐殆尽，然后被桉树的单一种植所取代。在通常充满生机活力的热带地区，喧闹变

▼ 一排排桉树取代了原生林，形成了一大片绿色沙漠。桉树在全球的单一种植园中占据主导地位。

成了永久的死寂。鸟类和哺乳动物选择逃离，昆虫和植物也无法再在这里长期生存。土壤干燥且贫瘠，这里已经不能再被称为森林了。从某种意义上说，森林已经死了，变成了一片绿色荒漠，只剩下无数棵孤独的、互不关心的树木。

　　单一种植不仅会导致土壤中的养分流失，而且于雨林景观毫无益处。与各种昆虫、鸟类以及哺乳动物其乐融融的原始雨林不同，贫瘠的桉树种植园的林下只能支持一些杂草生长。

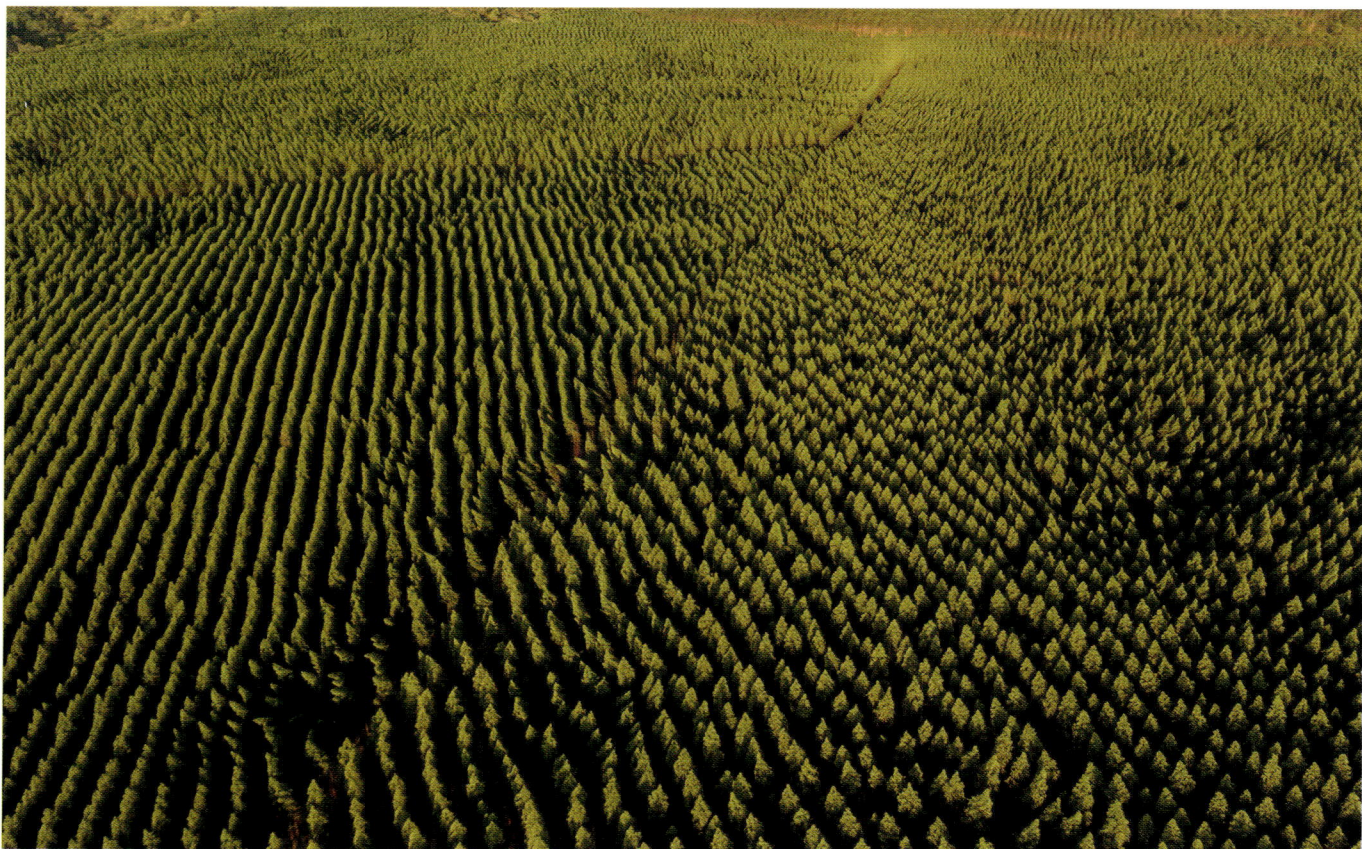

▲▶ 桉树被大量种植，用来生产因具有防腐特性而被广泛使用的桉叶油。此外，桉叶油也用于消除感冒引起的充血症状，作为关节炎治疗中外用药膏的一种原料，还可用来驱虫。桉树的木材比大部分硬木更为坚固，因此用于制作重型和轻型建筑的木框架，还用于生产木制品（如木地板、木碗以及包括平板包装家具[1]在内的其他家具）。生长迅速的桉树还用于造纸。

绿色沙漠的形成原因之一可以归咎为雨林保护成效评估的缺陷，不注重质量而只关注面积的雨林恢复项目实际上只是单一种植园的建设，而非本地原生林的重建。类似的例子在巴西比比皆是，承诺的恢复变成了不负责任的单一种植，而这种方式对森林的保护来说毫无意义。

种植园中的植物生长所吸收和储存的碳元素比原始森林少大约40%，而它们被砍伐后，不仅无法再作为碳库，还会连同它们在这里所吸收的养分一起被运走，土地无法得到更新，森林的循环就这样被切断了。真正的原生林从四面八方被蚕食，只剩下一些零星的碎片，勉强维持野生动物的生存。

---

[1] 平板包装家具是指扁平盒装的组件家具。平板包装家具生产具有环保理念：运输更小的箱子而不是笨重的成品，可以降低碳排放。更重要的是，家具的拆卸和组装一样容易。——译者注

何去何从

▲ 一只东部黑猩猩离开了森林，来到耕地边缘。原生林的面积不断缩小，意味着东部黑猩猩不可避免地与人类频繁接触。在乌干达的布林迪，当地居民已经习惯了与东部黑猩猩共同生活，而东部黑猩猩也学会了与那里的居民相处。

在乌干达西部，有一小片原始河岸森林，是由年轻的雄性黑猩猩摩西所领导的20多只东部黑猩猩（*Pan troglodytes schweinfurthii*）的家园。它们特别喜欢非洲桑（*Afromorus mesozygia*）和革叶榕（*Ficus cyathistipula*）的果实，这些果实被吃完后，它们才会去寻找其他食物。然而，它们已经无法再像过去那样依赖野生的季节性水果维持生存了，因为许多树木已经消失了。这片残存的森林已无法全年为这个东部黑猩猩家族提供充足的食物了，这意味着它们必须离开不断退缩的森林，冒险进入周围的村庄和农田觅食。一开始，它们很容易与当地农民发生冲突，不过它们渐渐学会了保持安静，偷偷潜入，窃取甘蔗和香蕉等经济作物为食。

这些东部黑猩猩占据了村庄花园附近的一小片森林，大多数农民默许它们采摘菠萝蜜（世界上最大的树果）为食。菠萝蜜的糖分含量很高，得益于此，这些东部黑猩猩似乎比生活在其他地方的同类发育得更快。但是，凡事皆有利弊。当食物唾手可得时，它们就会吵闹着进行社交和玩耍，而在咖啡和木薯等作物间争斗，戏弄猪、山羊和牛等牲畜，只会让它们的名声越来越糟糕。人们的忍耐也是有限的。

布林迪东部黑猩猩的一位邻居莉莲认为，它们从人类那里学会了如何吃菠萝蜜，以及如何判断菠萝蜜的成熟程度。不过，这些东部黑猩猩主要向其他东部黑猩猩学习什么可以吃而什么不可以吃，什么是安全的而什么是有毒的。雌性东部黑猩猩通常会在不同东部黑猩猩种群间迁移，它们进入新种群时也会将新种群从未尝试过的食物介绍给新种群。不过如今，雌性东部黑猩猩从出生时所在的种群迁出的情况越来越少了，这对物种的基因多样性来说并非好事。

在它们的觅食之路上还有另一个障碍——一条新铺的沥青路。这条路上已经发生过一起致命事故了，还有很多次险些发生事故。为了提醒过往司机在此处减速慢行，人们提议再增加一些减速带。不过，东部黑猩猩群体中的雌性率先学会了判断最佳的过马路时机和地点，它们会谨慎地进行观察，然后在路上安静时过

▼ 东部黑猩猩最喜欢从人们的花园和农田中采集的食物之一当数菠萝蜜。菠萝蜜在全世界的热带地区被广泛种植，它还是所有木本植物果实中最大的，单个果实的长度可达90厘米，重量达55千克。成熟的菠萝蜜香甜可口，东部黑猩猩吃得津津有味。菠萝蜜的口感有点像肉，因此也被称为"植物肉"。

马路。这显示了黑猩猩的卓越智慧，它们能够适应迅速变化的环境。这也反映了一个更广泛的事实：不只是对于森林动物，而是对于整个大自然来说，只有最聪明和适应能力最强的生物才能在这个人类主导下瞬息万变的地球环境中谋得一条生路。

布林迪东部黑猩猩并不是面临类似难题的唯一黑猩猩家族。据估计，在乌干达约有10个黑猩猩种群生活在保护区之间的农田中，而这些保护区也没有得到良好的保护。目前很多地区的原生林遭到大面积砍伐，被甘蔗田取代，这不禁让人担忧。这是不是非洲所有黑猩猩未来的缩影？不过，现在行动还为时未晚。在乌干达，人们正在努力将不同的黑猩猩种群连接起来。一个当地的慈善机构建立了树木苗圃，培训农民们自己种植林地，而不是砍伐原生林来获得木材。这样的项目不只限于乌干达。

据估计，在全球范围内，大约有9亿公顷的废弃土地可以恢复，其面积大致相当于一个中国或美国那么大。关注和保护那些古老的森林，恢复那些我们已经失去的森林，不仅是为了森林中野生动物的未来，也是为了人类自己的未来。

◀▲ 摆在东部黑猩猩面前的一大危险是新建的柏油马路（上图和对页右下图）。不同性别的东部黑猩猩对此做出的反应不同。雌性东部黑猩猩相对谨慎，它们会仔细观察有没有车辆驶来；而大多数雄性东部黑猩猩则不会留意交通情况，它们随意穿越马路。有几只雄性东部黑猩猩差点被汽车撞到。不过，雄性首领会等待并确保所有成员都安全通过。年轻的雄性东部黑猩猩还有可能在房屋周围引起麻烦（对页右上图）。

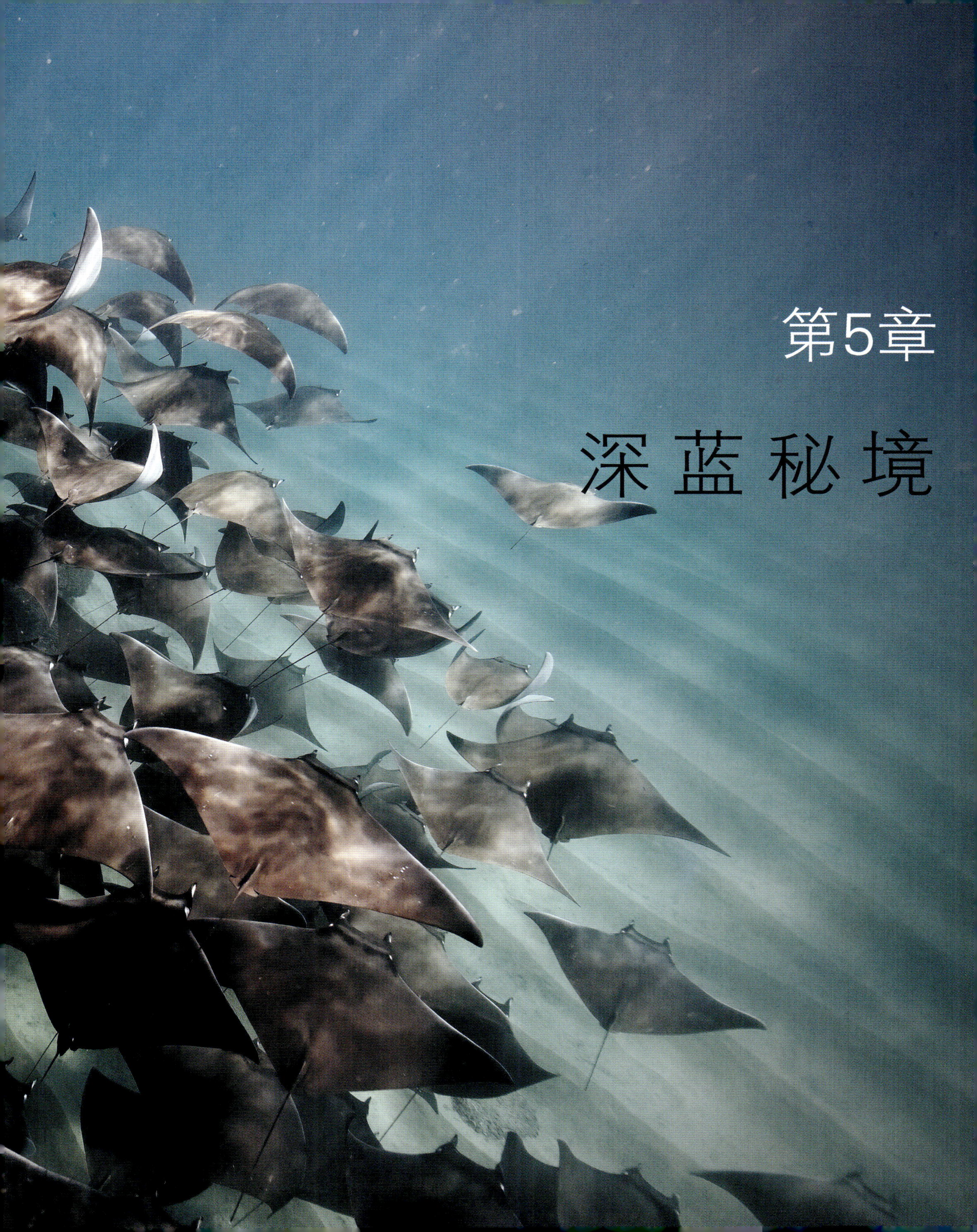

第5章

深蓝秘境

　　海洋不是一个单一而广阔的水体环境，而是由许多独特的栖息地组成的，其中包括阳光充足且充满无数微小生命的表层海水、繁忙的珊瑚之城、巨大的海藻森林、广袤的海草草甸、幽暗的暮光区和午夜区、仿若沙漠的深海平原，以及压力超过海平面压力几百倍的超深渊带。对于海洋生物来说，每一种栖息地的环境都是如此不同，充满了挑战。为了在这些海洋栖息地中生存，动物们演化出了适应性较高的各种性状，变得更加多样化，最终拥有在某一特定环境下生存所需的各种技能。因此，每种栖息地都有独特的生物群落。据估计，海洋生物代表了地球上约80%的生命形式，然而我们对海底及生活在那里的生物的了解可能还远不如对火星表面的了解。由于未知领域太多，海洋生物学家和海洋学家进行大型潜水探险时常常会发现新物种，为非凡的海中新景观而再次惊叹。不过，科学家唯一确定的是，这些栖息地相互关联、相依相存。在某种程度上，我们也依赖海洋而生。但是，我们似乎正在破坏这种关系。自从《地球脉动》首次播出以来，人类活动已经对海洋造成了灾难性的影响，如气候异常、海洋酸化、塑料和重金属污染、矿产开采和过度捕捞等，不胜枚举。虽然海洋仍旧是地球上被探索得最少的生物世界，但近些年来我们对海洋和海洋生物的了解越来越深入。因此，我们对海洋尤其是对深海的影响也开始显现。令人担忧的是，现在或许为时已晚。

◀ 海龟已经在海洋中自由自在地游弋了将近2.3亿年，它们躲过了让恐龙灭绝的大灭绝事件，而现如今它们正受到人类活动的威胁。亿万年来，它们在演化之路上高歌猛进，却在短短百年内就濒临灭绝。

海洋探索

海洋探索是一个跨学科且较新的领域，最早的海洋探索可以追溯到19世纪末"挑战者号"科考船远征时期。而真正的海洋探索直到第二次世界大战才开始，当时的潜艇战争启发了早期的海洋学家。如今，生物学家、化学家、物理学家、地质学家和工程师都在为海洋知识库的构建做出贡献。随着时间的推移，他们使用的探测设备越来越复杂。如今，特制的海上浮标和采样瓶用于监测海面环境和水质，钻探设备用于收集海底沉积物样品进行研究，先进的声呐技术使得绘制全球海底地形图成为了现实，搭载相机的深海着陆器让我们能够记录下海底生物的样子，附着在大型海洋捕食者身上的卫星跟踪装置可以告诉我们它们去哪儿了以及为何而去，遥控无人潜水器则使我们能够安全而高效地一窥隐秘的深海及深海生物。

潜水装备决定了人们所能下潜的深度。传统的水肺潜水员可以探索珊瑚礁和偏远的海底山脉，但最深只能潜到40米。要想进入更深的水域，潜水员需要穿上强化常压潜水服。这其实不是潜水服，而是一种小型单人潜水器，看起来就像米其林轮胎先生和航天员的结合体。在强化常压潜水服的帮助下，潜水员可以潜到水下300米甚至更深的地方，而且能在油井等设备上工作数小时。这种潜水服内的压力始终维持在1个标准大气压，与海平面的相同。要想到达更深的地方，探险者必须使用能够承受压溃压力的潜水器，还要配备专门设计的母船来对其进行部署

▼ 一个卫星跟踪装置被安装在无沟双髻鲨（*Sphyrna mokarran*）异常高耸的第一背鳍上。每当背鳍露出海面，卫星跟踪装置就会向卫星发送信号，科学家就可以根据这些信号确定这条无沟双髻鲨的行踪、所处的深度以及当时的海洋环境条件（如温度和盐度等）。

▶ 强化常压潜水服使潜水员能够到达普通水肺潜水员无法抵达的深度，但它们不如简单的湿式和干式潜水服灵活。

▼ 在靠近吉布提的塔朱拉湾，一条鲸鲨（*Rhincodon typus*）被安装了卫星追踪装置。这种鲨鱼是世界上最大的鱼类之一，而我们才刚刚开始了解它们何时何地都在做些什么。

和回收。凭借这些设备，人类最深已经下潜到约11000米的深度，那里的压力是地表的1000多倍。到达这些极端深度的人比去过太空的人还要少。

无论探险队去到哪里，无论下潜深度如何，他们的发现都在不断刷新我们对海洋的认知，如世界各大洋底部的深海热液喷口、能在无光环境中生长的深海珊瑚礁，以及形似鼠妇、长达50厘米的等足类动物巨型深水虱（*Bathynomus giganteus*）等。令人惊讶的是，还有一种未知的狮子鱼（*Pseudoliparis* sp.）生活在深达8336米的地方，已接近其生存极限。如果更深（大约8400米），这种狮子鱼产生的用于抵抗高压下蛋白质不稳定的化学物质将无法合成，它们便无法存活。

总的来说，深海是个非常奇特的地方，并不像我们曾经认为的那样毫无生机，而是生活着大大小小、或简单或复杂的各种生物……无论是深海还是那些被探索得更加频繁的海洋区域，对我们来说都至关重要。我们从海洋中的珊瑚、背囊类、苔藓虫以及海绵中提取药物。海藻森林和海草草甸都是地球碳汇的秘密武器。海洋渔业为我们提供了16%以上的全球总蛋白质供应量。据估计，地球上产生的氧气至少有一半来自海洋。海洋是药库，是牧场，更是生命的支撑系统。扰乱海洋生态秩序将贻害无穷。

▲ 软珊瑚虫色彩艳丽的触手正在招摇，过滤海水中的微小颗粒作为食物。这种珊瑚虫分布在印度尼西亚西巴布亚海岸边的热带珊瑚礁中。

▶ 在靠近泰国南部斯米兰群岛的安达曼海中，一大群玻璃鱼[1]正在色彩斑斓的珊瑚礁间缓缓游动。

---

[1] 玻璃鱼指的是鲈形目双边鱼科的鱼类，得名于其多数种类身体透明，因此也常常被当作观赏鱼。我国原生有眶棘双边鱼（*Ambassis gymnocephalus*）和尾纹双边鱼（*Ambassis urotaenia*）等。——译者注

热带珊瑚礁

　　当阳光照进清澈的浅海时，五彩斑斓的热带珊瑚礁非常耀眼。虽然珊瑚礁只占据了不到1%的海底面积，却是接近四分之一的已知海洋生物共同栖息的家园。造礁珊瑚的分布区域之所以主要局限于热带浅海，是因为建造珊瑚的工程师——像小海葵一样的珊瑚虫对生存环境非常挑剔。哪怕海水温度只升高了1摄氏度，与珊瑚虫共生、为其提供能量的微小虫黄藻（一种含有叶绿素的单细胞甲藻，可以进行光合作用）就会逃离珊瑚，导致大量珊瑚白化，甚至死亡。陆地径流奔泻入海，携带而来的大量泥沙则会使珊瑚虫窒息。海洋吸收了空气中过量的二氧化碳，逐渐变酸，也会溶解钙质的珊瑚。如果没有遇到这些海洋环境的剧烈变化，珊瑚虫则是非常出色的建筑师。它们建造的珊瑚礁就像一个包罗万象的海底城市，碳酸钙骨架构成了城市街区，珊瑚砂和贝壳碎片铺设出了宽阔的街道。当然，其中还居住着昼夜忙碌的市民。不过，在珊瑚礁中，对食物和空间的竞争非常激烈，于是生活在这里的动物演化出了各种各样的捕食方式，其中最为独特的一种便是蟹鱼的捕食方式。

海中垂钓者

　　躄鱼科属于鮟鱇鱼目，该科中的成员大斑躄鱼（*Antennarius maculatus*）生活在印太海域的热带珊瑚礁中。大斑躄鱼也被称为疣蛙鱼，其身体表面覆盖着许多疣状突起。和其他鮟鱇鱼一样，躄鱼也长有拟饵。各种躄鱼的拟饵都不同，有的类似小鱼，有的如同小虾，有的像章鱼的浮游幼体或蠕虫。拟饵悬挂在大斑躄鱼第一背鳍棘的末端，大斑躄鱼通过挥动拟饵来吸引经过的鱼、虾和蠕虫的捕食者。大斑躄鱼的猎物几乎不会注意到拟饵的幕后操纵者，因为大斑躄鱼的外表看起来就像珊瑚礁中的礁石或海绵，伪装得非常到位。为了模仿得更加逼真，大斑躄鱼还能通过皮肤上的彩色突起模仿珊瑚。如果它们移动到新的环境中，其皮肤颜色就会逐渐改变，以完美融入珊瑚礁背景中，直到其他动物辨认不出它们在那里。虽然这一过程需要几天甚至几周来完成，却是一种行之有效的生存策略。这意味着大斑躄鱼几乎可以呈现任何颜色，甚至可以在白化珊瑚礁中变成病态的白色。在紫外线或蓝光的照射下，大斑躄鱼会发出红光。科学家认为这与大斑躄鱼之间的交流及其伪装有关。此外，大斑躄鱼移动时所采取的策略在鱼类中也非常特别，它们会用胸鳍和腹鳍在海中行走而非游动。大斑躄鱼有两种主要的行走方式：一种是仅交替使用胸鳍，类似用双脚走路的样子；另一种被称为慢跑，即同时同方向移动胸鳍，将重量转移到腹鳍，然后向前挪动。作为海中的最佳步行者

之一，大斑躄鱼可能是现代鱼类中最接近拥有腿的陆生脊椎动物的物种，而且它们的手状胸鳍可以抓住岩石和珊瑚。

主动捕食时，大斑躄鱼会静待猎物靠近并进行伏击，或者采取走几步、停顿、再晃动拟饵的方式追踪猎物。就和我们钓鱼一样，它们也会上下抖动"钓竿"，让拟饵看起来栩栩如生，从而吸引好奇的猎物靠近。如果没能得手，它们就会转移到新的垂钓点，重复这一行为。环尾鹦天竺鲷（Ostorhinchus aureus）是大斑躄鱼最常捕捉的一种猎物，这种鱼会成群结队四处游动，捕食虾类为食。由于许多环尾鹦天竺鲷同时游动，大斑躄鱼用像虾一样的拟饵吸引猎物的概率就大大增加了。虽然大斑躄鱼大多数时候是慢吞吞的，但在捕捉猎物时，它们的动作快如闪电。它们会突然张大嘴巴——张到原来大小的将近12倍，把海水和猎物一起吞下，然后迅速闭嘴。整个捕食过程不超过6毫秒。

假如大斑躄鱼身处险境，它们可以用尾鳍游动一小段距离。有时，它们还会采用喷射推进的方式躲避危险。它们会有节奏地吞咽海水，然后用鳃将海水喷出。最后，它们像使用翅膀一样扇动胸鳍，滑行到珊瑚礁中的安全位置。不过，在通常情况下，伪装足以让它们成功地躲避捕食者。如此看来，大斑躄鱼真算得上在珊瑚礁中玩捉迷藏的高手。

▲ 大斑躄鱼的鳍就像腿一般，用来在海底行走。它们的身体前后部分长得差不多，难以区分，这是它们迷惑猎物的另一种巧妙伪装。

▲ 在求偶期间，雄性岩豆娘鱼会将体色变成漂亮的蓝色调，诱导雌鱼到它们精心准备的平坦岩石上产卵。

超级爸爸

在加勒比海中，有一种引人注目的、具有黑色条纹的珊瑚礁居民——岩豆娘鱼（*Abudefduf saxatilis*），而真正引人注目的是这种鱼的雄性。珊瑚礁不仅是海中的居民争夺食物的地方，也是繁殖的战场，尤其是对于那些将卵产在"巢"中的居民来说更是如此。岩豆娘鱼就是这样的一种鱼类。雄鱼负责寻找合适的筑巢地点，但对它们来说，要想在生长着大量珊瑚的环境中找到合适的筑巢地点，并非易事。通过不懈寻找，它们通常会选择相对平坦的区域，可能是珊瑚礁间的岩架下方，或垂直于岩壁的平台。这些地方较少受到偷卵贼的侵扰，比较安全，因此受到雄鱼的青睐。雄鱼会非常细致地保持巢穴内的清洁，将每一粒沙子、每一块碎石以及微小而细碎的海藻和苔藓虫等都一一清除。当一切准备就绪后，雄鱼就会开始跳舞和唱歌，以吸引雌鱼。

雄鱼求偶声音的频率为100~400赫兹，比较低沉，听起来就像猫的呼噜声一般。在歌唱时，雄鱼会以较快的速度前后左右游动，动作短促而有规律。它们的

▲ 雄性岩豆娘鱼会寸步不离地守护巢穴中珍贵的鱼卵，而其他鱼类在其上方游动、盘旋，虎视眈眈，企图寻找机会窃取这些富含营养的鱼卵。

身体还会变成鲜艳而明亮的蓝色，在海中翩翩起舞。它们先上升到水柱中，然后伴随着发出的脉冲声迅速落下，这种行为称为"信号跳"。如果有雌鱼被吸引，它们就会欢快地来回摆动身体，带领雌鱼游向自己精心准备的爱巢。随后雌鱼会产下数千枚蓝紫色的卵，每枚卵都通过黏性丝状物附着在巢穴基质上，而雄鱼则会对其进行授精。不久，雌鱼就离开了，剩下雄鱼留在巢穴中守护这些正在发育的小生命。它们会不断搅动海水，翻动鱼卵，以防受到真菌感染。不过对它们来说，求偶并未结束，两到三条雌鱼可能都会被吸引到同一个巢穴产卵。受精后的卵起初因卵黄而呈现鲜艳的红色或紫色，不过随着卵黄被消耗，卵的颜色逐渐褪去，最终在孵化前，受精卵变成了黯淡的灰绿色。在繁殖季节，雄鱼的体色也会发生变化。在吸引雌鱼时，它们的身体会迅速变成鲜亮的蓝色，但在雌鱼离开后，它们会恢复黑白或黑黄条纹相间的体色，然后一直保持这种体色守护巢穴。

在巴西东北部的大西洋海岸的圣彼得和保罗岩群等地方，往往会出现岩豆娘

▲ 为了确保鱼卵在发育时不会缺氧，雄鱼会扇动鱼鳍，使富含氧气的海水在巢穴中流动更新。

鱼巢穴聚集在一小块区域的景象。刚开始，雄鱼们会共同清理筑巢区域，为筑巢做好准备。一旦雌鱼们开始产卵，这个曾经团结一心的小团体就会分崩离析，雄鱼们对清理好的巢穴和待产的雌鱼的竞争变得异常激烈。通常，最成功的雄鱼"领主"会赶走其他雄鱼，并吸引所有雌鱼前来观摩。其他雄鱼对此感到愤怒，会游近它的巢穴，龇牙咧嘴地向它示威、捣乱。这些情敌会成为一大麻烦，保持巢穴的干净整洁变成了一项艰巨的任务。啃食珊瑚的鹦嘴鱼也会将未能消化的碳酸钙研磨成细沙排出，弄脏岩豆娘鱼的巢穴。大量的巢穴掠食者会尝试攻击鱼卵，其他鱼类也会成群结队地袭击巢穴，企图突破雄鱼的防守。黄尾笛鲷（*Ocyurus chrysurus*）、虾和小螃蟹会乘虚而入，而雄性岩豆娘鱼会竭尽全力驱赶这些不怀好意的入侵者，有时甚至驱赶靠得太近的海龟和铰口鲨（*Ginglymostoma cirratum*，也称为护士鲨）等大型动物，尽管它们对鱼卵没有什么威胁。

令人感到意外的是，雄鱼有时看似在清理巢穴中的碎屑和坏掉的鱼卵，实际上是在同类相食。岩豆娘鱼和很多雀鲷科的成员一样，会吃掉自己的后代，这种行为称为亲子相食。实际上，这种现象在硬骨鱼类中相当常见，被认为是一种能够提高适合度的演化策略。如果食物稀缺，雄性岩豆娘鱼就会通过牺牲一些后代来维持健康，从而提高自己的生存概率。

　　六七天之后，那些幸存下来的鱼卵会在日落后1小时左右孵化。黑暗有助于这些体长仅为2.4毫米的小鱼苗安全地前往广阔的海洋。在那里，它们将和其他浮游生物的海洋幼体一起游动和觅食，待到合适的时机重返珊瑚礁，度过余生。起初，小岩豆娘鱼的身体上部呈黄绿色，下部呈白色，还点缀有标志性的5条黑色条纹。随着时间的推移，它们的身上会逐渐增添幽深的蓝色调。不过，在浅色沙底沉积物上或珊瑚礁上方游动时，它们的颜色会比较浅，而在珊瑚礁间时颜色比较深。在繁殖季节之外，上百条岩豆娘鱼会聚集成大型觅食群，白天在珊瑚礁上方觅食，夜幕降临后藏在珊瑚礁的缝隙间躲避捕食者。

▼ 一个巢穴中可能包含数千枚鱼卵，这些鱼卵不一定来自同一条雌鱼。每枚鱼卵都通过丝状物黏附在岩石上。在受精六七天后，这些鱼卵便会孵化。

飞翔的蝠鲼

一头虎鲸将一小群蝠鲼与大部队分隔开来，它将利用自己卓越的耐力和智慧逐渐耗尽这些蝠鲼的体力，直到它们精疲力竭，无力再逃脱。

在亚热带的加利福尼亚湾（也称为科尔特斯海），每年的春末夏初，自然界中最令人振奋且难以解释的野生动物奇观之一都将在这里上演。每年的这个时候，数百条蝠鲼都会聚集在下加利福尼亚半岛南端靠近圣卢卡斯角的海岸边，形成全球最大的蝠鲼集群之一。这些蝠鲼能够跃出海面约两米，然后伴随着响亮的落水声回到海中。人们称它们为"飞翔的蝠鲼"。起初可能只有一条蝠鲼的身影划破天际，很快其他蝠鲼也不甘落后，直到整个海面呈现蝠鲼起起落落、此起彼伏的场景，形成了最独特的黎明合奏。蝠鲼的身体呈菱形，头部两侧各有一只类似翅膀的头鳍，两个鳍尖之间的距离约为1米，这使得它们能够在海水中迅速前

行，在海面上方短暂滑翔，有些甚至能做出漂亮的空翻动作。一大群蝠鲼同时跃出海面，形成了一幅蔚为壮观的景象。

这场华丽演出的表演者正是芒基蝠鲼（*Mobula munkiana*）——蝠鲼中体形最小的一种，分布于东太平洋的墨西哥至秘鲁沿岸。虽然它们分布甚广且经常被观察到，但是科学家很难解释清楚它们为何跃出海面。对此，有几种猜测：它们可能是在向潜在的配偶炫耀，或者想摆脱体外寄生虫，或者在与鱼群中的其他成员沟通，抑或希望吸引其他蝠鲼加入鱼群。这些猜测似乎各有道理，不过它们用腹部拍打海面所发出的响亮声音会吸引一些危险的不速之客。

▶ 芒基蝠鲼跃出海面，而后重重地坠落到海中，发出砰的一声巨响。

虎鲸能从很远的地方听到这种声音。在加利福尼亚湾，至少有一个虎鲸群对此产生了浓厚的兴趣，而且这个虎鲸群的成员都是猎捕芒基蝠鲼的专家。这种本事并不是与生俱来的，幼年虎鲸必须向最年长的雌性虎鲸学习猎捕芒基蝠鲼的技巧。芒基蝠鲼的速度飞快，而且机动性强，能轻易躲开虎鲸的追捕。因此，年长的雌性虎鲸知道，只有将芒基蝠鲼围在一起，才有可能趁乱抓住一条。但这并不是凭一己之力就能完成的任务，而是需要团队协作，这是幼年虎鲸上的第一课。幼年虎鲸的悟性很高，很快就发现了诀窍：如果能封锁芒基蝠鲼两侧的逃跑路线，它们就无处可逃。这时，绝望的芒基蝠鲼会选择下潜，但很快又会被经验丰富的雌性虎鲸逼回海面。已经精疲力竭的芒基蝠鲼就这样被困在海面上。进攻的时机到了！幼年虎鲸在成年虎鲸的教导下先咬住芒基蝠鲼的"翅膀"，转而攻击其头部，使其无法逃脱。另一种策略是它们用强大的尾巴击打芒基蝠鲼，就像虎鲸在挪威海岸捕捉鲱鱼或在巴塔哥尼亚"戏弄"海狗幼崽一样。它们会用尾巴猛击芒基蝠鲼，力道很大，有时甚至将其打得在空中翻滚。芒基蝠鲼惊慌失措，远不如它们从容滑翔时那般优雅。在如此精准的攻击下，很少有芒基蝠鲼能成功逃脱，但偶尔也有一两个幸运的家伙迅速飞离危险区域。

▲ 虎鲸妈妈正在教导小虎鲸如何捕捉并控制住一条芒基蝠鲼——牢牢抓住芒基蝠鲼的头部，然后就可以开始享受大餐了！这时，其他幸运的芒基蝠鲼就可以放松警惕，自由活动了……至少，它们暂时安全了。

随着虎鲸的捕猎课程和进餐告一段落，那些伤痕累累而又幸运逃脱的芒基蝠鲼仓皇游走，重新回到蝠鲼群。来自虎鲸的威胁远去，它们终于可以悠然相聚。单次聚集的芒基蝠鲼可以达到25万只，数量之多令人惊叹，这也是地球上最大的蝠鲼集群。然而，这种大量聚集的习性可能会加速它们灭绝。当芒基蝠鲼聚集在一起时，人们只要使用围网或流刺网就可以捕捉到许多芒基蝠鲼，这导致当地的芒基蝠鲼种群数量迅速减少。世界自然保护联盟已经将芒基蝠鲼列为易危物种。如果最坏的情况发生——它们消失了，那么这些猎捕芒基蝠鲼的虎鲸将不得不去寻觅新的猎物。

季节性海洋

在热带艳阳的照耀下，海洋表面的水分不断蒸发，水蒸气上升到高空，受到冷却，尔后在微小的尘埃颗粒上凝结，形成高耸的铁砧状云朵。当热空气上升后，低空就会形成低压区，凉爽的空气在压强差的作用下横向涌入，形成风。如果海洋上空的温度达到27摄氏度或更高，压强差就会变得很大，风力也就异常强劲，最终导致飓风（在太平洋上则称为台风）。飓风的能量巨大，它会掀起海水，形成的波浪高达9米甚至更高，而在风暴来临前，波浪可能只有1米高。1995年9月，在纽芬兰南部的大西洋上，飓风"路易斯"向"伊丽莎白女王2号"豪华邮轮所掀起的巨浪是有记录以来最高的波浪之一。几乎同时，附近的一处加拿大的海洋浮标记录下了30米高的巨浪。

这些热带气旋因地球自转而发生偏转，旋向两极，途经温带地区时搅动深海中的营养物质。在这些温带地区，四季分明，而这些季节性海域也成为了世界上生产力最高的海域。

海洋生产力最高的季节是春季和秋季，这两个季节的阳光充足，浮游植物大量繁殖，从而为整个食物链提供食物和能量。海洋浮游植物指的是浮在海水中的微型藻类（有些微型藻类也存在于淡水中）。它们与陆地植物一样，含有叶绿素，这种色素能捕捉阳光，进行光合作用，利用太阳的能量将二氧化碳和水转化为营养物质供生物体生长和发育，同时释放出氧气。这一过程也有无机营养物质的参与，如硝酸盐、磷酸盐、硅酸盐、硫和钙等。这些物质最终被转化为蛋白质、脂肪和碳水化合物。此外，光合作用还需要微量的铁，这意味着在一些含铁量较低的海域，浮游植物的生长会受到限制。不过，只要条件适宜，浮游植物就会呈爆炸式生长、繁殖，形成水华。水华的规模有时大到甚至可以从太空中看到。虽然单个浮游植物的寿命可能只有几天，但是春季发生的水华往往会持续几周。浮游植物位于食物链的最底端，是整个食物网的基础。没有它们，海洋中的生物将难以生存。春夏两季，当浮游植物大量繁殖时，海洋表面附近的其他生物也开始忙碌起来，迎来生长的时节。

浮游植物体形微小，通常漂浮在阳光能够穿透的海洋表层。虽然浮游植物的种类数不胜数，但主要种类还是我们所熟悉的蓝细菌、硅藻、甲藻和球石藻[1]。后三类具有复杂的外部结构，如果你在显微镜下观察这些小生物，那么一定会为它们精致的表面结构所震惊。例如，球石藻被称为球石粒的碳酸钙质小板所覆盖，球石粒能保护球石藻免受病毒和捕食者的侵害。而当球石藻死亡时，在球石粒的作用下，它们会迅速沉降到海底，成为海底沉积物的一部分。因此，球石藻

上面是海稚虫科物种庞贝蠕虫（*Alvinella pompejana*）的一只幼虫。这种幼虫的发育期可能很长，因此它们得以在沿海地区大量积聚。下面是附着在一簇红藻上的硅藻群。有些硅藻在无性繁殖后不会相互分离，而是黏附在一起形成小型生物群。

[1] 蓝细菌、硅藻、甲藻和球石藻均可进行光合作用，在过去都曾被认为属于植物，但是随着研究手段的发展，人们现在已经认识到它们均不是植物。蓝细菌又称蓝藻，是一种原生生物。蓝细菌被一种原真核细胞吞噬后通过内共生演化成质体，随后演化出了三个独立的类群，也被称为泛植物，包括灰藻、红藻以及绿色植物。硅藻、甲藻和球石藻均属于通过二次或多次内共生吞噬红藻祖先类群形成的生物群。而我们所说的真正意义上的植物则属于绿色植物这一分支。——译者注

在海洋碳循环中扮演了重要角色，协助了生物碳泵的运作，即通过生物过程从大气中捕获二氧化碳，将其封存在海床沉积物中。这些微小的球石藻有助于减少大气中的二氧化碳，是我们应对气候变化的重要盟友。这还只是浮游植物全部贡献中的一点。

科学家认为，浮游植物中的藻类和其他生物的生长量比陆地上所有绿色植物的还要多。据估计，这些藻类通过光合作用所产生的氧气占到了全球氧气含量的50%，这意味着它们为我们的每次呼吸提供了所需氧气的一半。因此，浮游植物生产力的变化将直接影响全球变暖的速度，并对依赖海洋食物的所有生物（包括人类）产生重大影响。很多海洋生物学模型显示，假如大气中的温室气体导致海洋表面变暖，那么浮游植物的生产力将会大幅下降。原因是，随着表层海水升温，水体的分层现象会越来越明显，形成互不混合的水层，而没有各水层之间的垂直混合，海洋底部积聚的营养物质就无法重新循环到表层。

近年来，科学家一直在密切关注浮游植物的生产力是否发生了变化。早期的研究表明，浮游植物的生产力已经开始小幅下降。亚热带海洋环流的中心是海洋中生产力最低的区域之一，又被称为海洋沙漠。在过去的10年中，随着海洋表层温度升高，这些海洋沙漠似乎在不断扩张。它们就像"煤矿坑里的金丝雀"[1]，会发出海洋变化的早期预警信号。

◀ 一只来自海稚虫科的多毛虫幼虫。

▼ 分布广泛的圆筛藻（*Coscinodiscus* spp.）是海洋中初级生产者的主力军，是许多食物链的基础，支撑着许多大型海洋动物的生存。

▶▶ 下页图：在加利福尼亚州的蒙特雷湾，一群蓝平鲉（*Sebastes mystinus*）正在缓缓游动，穿过美丽的巨藻森林。

---

[1] 原文为"canary in the cage"，应是误用，在此更正为"canary in the coalmine"，意为"煤矿中的金丝雀"。在过去，人们会带着金丝雀一起进入矿井中。如果矿井中缺氧或者含有有毒气体，金丝雀就会死亡，也警告人们此处不宜久留。因此，"canary in the coalmine"后来就用于表示"危险的预兆"。——译者注

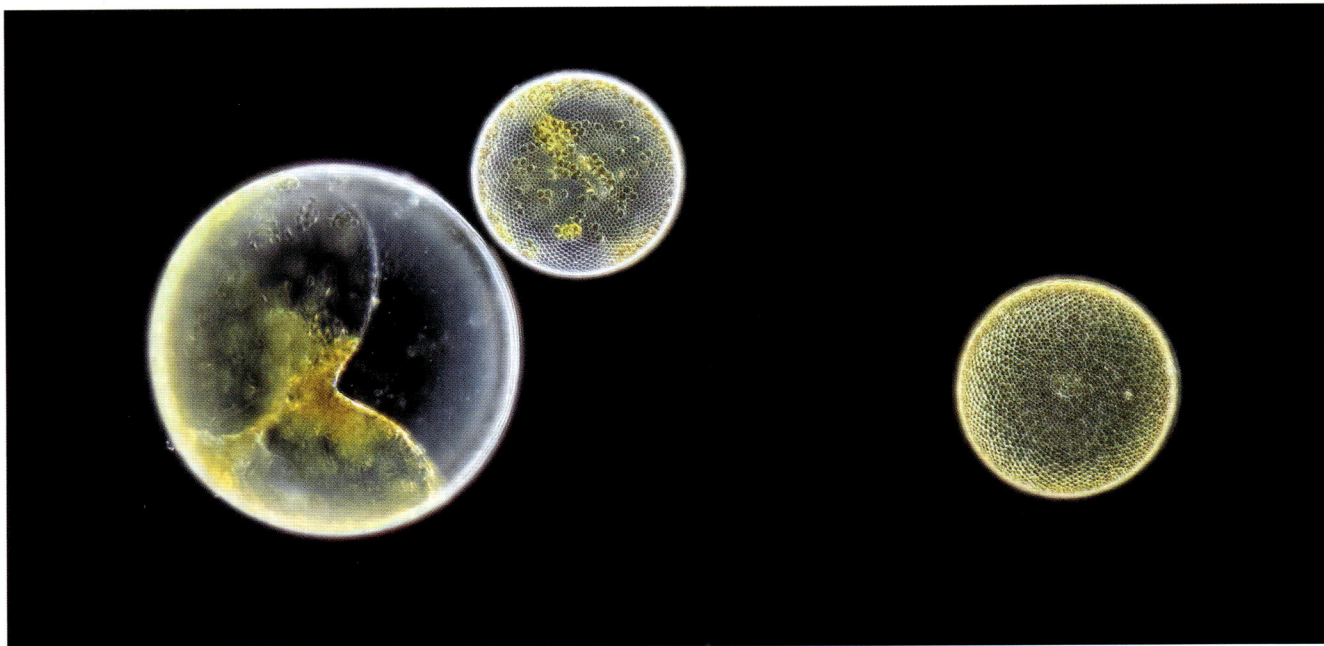

① ②

▲ 这条隐匿在沙质海底的太平洋扁鲨就像隐身了一样（图①）。为了捕食，它甚至会一动不动地等待10天。任何靠近它的猎物都几乎不会意识到危险近在咫尺。

暗藏杀机

在北美洲西部的太平洋沿岸，从南方的下加利福尼亚一直到北方的阿拉斯加，暗流涌动而又富含营养的温带水域孕育了地球上两种生长速度最快的生物——巨藻（*Macrocystis pyrifera*）和留氏海囊藻（*Nereocystis luetkeana*）。这两种藻类构成了这里的海底森林景观，其中巨藻主要分布在南部，而留氏海囊藻则在北部。春季，巨藻如雨后春笋般从海底迅速向上生长。在水族馆可控的最佳条件下，它们每天最多能生长60厘米。而在野外，它们的叶状体在一个生长季节可以长到45米以上。在同样大小的面积下，这些大型海藻形成的海底森林所吸收的二氧化碳比陆地森林所吸收的要多，因此巨藻森林成为了应对全球气候变化的一个重要阵地。

大型海藻通过类似植物根部的固着器固定在岩质海床上，这使得它们能在几乎没有其他生物生长的裸岩上开疆拓土。当海藻抵达海面时，气囊所产生的巨大浮力将整个藻体托举起来，海藻的"叶片"也伸展开来，获取更多的阳光进行光合作用。如同陆地上的热带雨林一样，这些海底森林的树冠繁茂极了，结果就是能够到达林下海床的阳光寥寥无几，因此几乎没有其他藻类能够在这里生长，与之竞争。这些大型海藻的叶状体紧密相连，减缓了沿着海岸快速流动的洋流的速度，所以这些海域成为了各种海洋生物的避风港。

亮橙色的高欢雀鲷（*Hypsypops rubicundus*）、色彩斑斓的岩鱼、灰黑斑点相间的巨藻鲈（*Paralabrax clathratus*）、金黄突额隆头鱼（*Bodianus pulcher*）以及鳗形的硬骨鱼猴面刺鳚（*Cebidichthys violaceus*）等动物在巨藻森林间自由游弋。海胆和巨藻蟹啃咬着海藻的固着器，多毛类和一些食草的鱼类也在其中觅食。脆弱海星（*Ophiura ophiura*）和赭星海星（*Pisaster ochraceus*）则散布在海床上。半

③

带皱唇鲨（*Triakis semifasciata*）和佛氏角鲨（*Heterodontus francisci*）也是这里的常住民。富饶的海底森林甚至吸引了大白鲨，它们前来猎捕藏身于海藻中的加州海狮（*Zalophus californianus*）和港海豹（*Phoca vitulina*）。然而，有一种鲨鱼几乎总是贴身潜伏在巨藻森林的地面上，那就是太平洋扁鲨（*Squatina californica*）。

仔细观察的话，我们就会发现太平洋扁鲨看起来还是具有鲨鱼的典型特征的，但它们被压扁了，具有扩大的胸鳍和腹鳍。因此，乍一看，它们更像鳐鱼而不是鲨鱼。它们是一种伏击型捕食者，通常埋伏在海床上的薄沙层中，可以一动不动地静待数小时。令人惊讶的是，虽然它们是一种视觉捕食者，但是主要在夜间活动。原来，它们是通过发光的浮游鞭毛藻和介形虫来感知猎物的动作和位置的。一旦有任何长得像鱼的生物（如硬骨鱼或产卵的鱿鱼等）游到了距离这种隐秘的捕食者15厘米的地方，太平洋扁鲨就会从藏身处突然发起攻击，利用胸鳍压向海床的反推力，用头部以约90度的角度向上猛冲，并且快速张开巨大的嘴巴，形成一根宽大的管道，将倒霉的猎物瞬间吸进去。太平洋扁鲨可伸缩的上下颌布满锋利的牙齿，它们会迅速向前移动，以防止猎物逃脱。整个捕食动作以迅雷不及掩耳之势，在不到十分之一秒的时间内就完成了。

太平洋扁鲨本身也是幼年大白鲨和扁头哈那鲨（*Notorynchus cepedianus*）的猎食目标。太平洋扁鲨从加利福尼亚州南部的育幼场向北游荡，而扁头哈那鲨只在一年中的特定时候才从海洋深处上浮，在巨藻森林和沿岸的浅海中徘徊。沿着海岸迁徙的北象海豹（*Mirounga angustirostris*）偶尔也会猎捕太平洋扁鲨。这么看来，在危机四伏的巨藻森林中，对于具有捕食者和猎物双重身份的太平洋扁鲨来说，潜伏于海底、隐藏在沙下是一种关乎生死而又两全其美的策略。

▲ 一旦猎物进入攻击范围内，潜伏已久的太平洋扁鲨就会从海床上的藏身处突然发起攻击，其头部向上猛冲，然后用可伸缩的上下颌抓住小鱼（图②）。

▲ 在完成一次成功的捕食后，太平洋扁鲨会重新潜伏在同一地点（图③），等待机会，直到附近的鱼都有了警觉为止。然后，在夜幕的掩护下，太平洋扁鲨会转移到新的伏击地点。

漂浮的岛屿

在辽阔的远洋区域，生存并非易事。这是一个三百六十度无死角的世界，捕食者可能从海面上方或者下方的任何角度进行突袭，而对猎物来说，几乎无处藏身。因此，生活在海洋表层的许多动物依赖速度来捕食或避免被捕捉到。旗鱼（*Istiophorus* spp.）以35千米/时的速度快速穿梭，是这里的顶级捕食者之一，但它们的主要猎捕对象为飞鱼（*Exocoetidae* spp.），因此旗鱼必须加倍努力才能活下来。飞鱼凭借飞快的游泳速度、强壮的尾部和延长成翅状的胸鳍（某些种类还有增大的腹鳍）来逃避追捕它们的捕食者，它们会跃出海面在空中滑翔大约50米，其实它们可以在空中停留更长时间。

迄今为止，飞鱼飞行的最长时间纪录是由日本广播公司的一个摄制组在前往日本南端屋久岛的渡轮上发现的。一条飞鱼在空中停留了惊人的45秒，打破了之前42秒的纪录。这可能是远洋鱼类离开海水的极限时长。因为在空中飞行时，飞鱼无法用鳃进行呼吸，所以当飞行结束时，它们已经气喘吁吁，快要窒息了。更长距离的滑翔是飞鱼通过几种飞行技巧来实现的。飞鱼可以借助波浪前缘的上升气流获得升力，一举飞入空中，这类似漂泊信天翁（*Diomedea exulans*）所采取的方式。飞鱼还可以连续飞行，每当落回海面时，它们就用尾巴拍打海面推动身体，就像打水漂时石子掠过水面一样。通常，飞鱼在飞行约400米的距离后就会潜

▼ 一条飞鱼在海面上留下了一条飞行轨迹。它用尾巴快速拍打海水以获得推力来保持飞行，从而在海面上留下了这条轨迹。飞鱼的胸鳍特别发达，一直延长到尾部。这对像翅膀一样的胸鳍使飞鱼能够在空中滑翔相当长的距离。

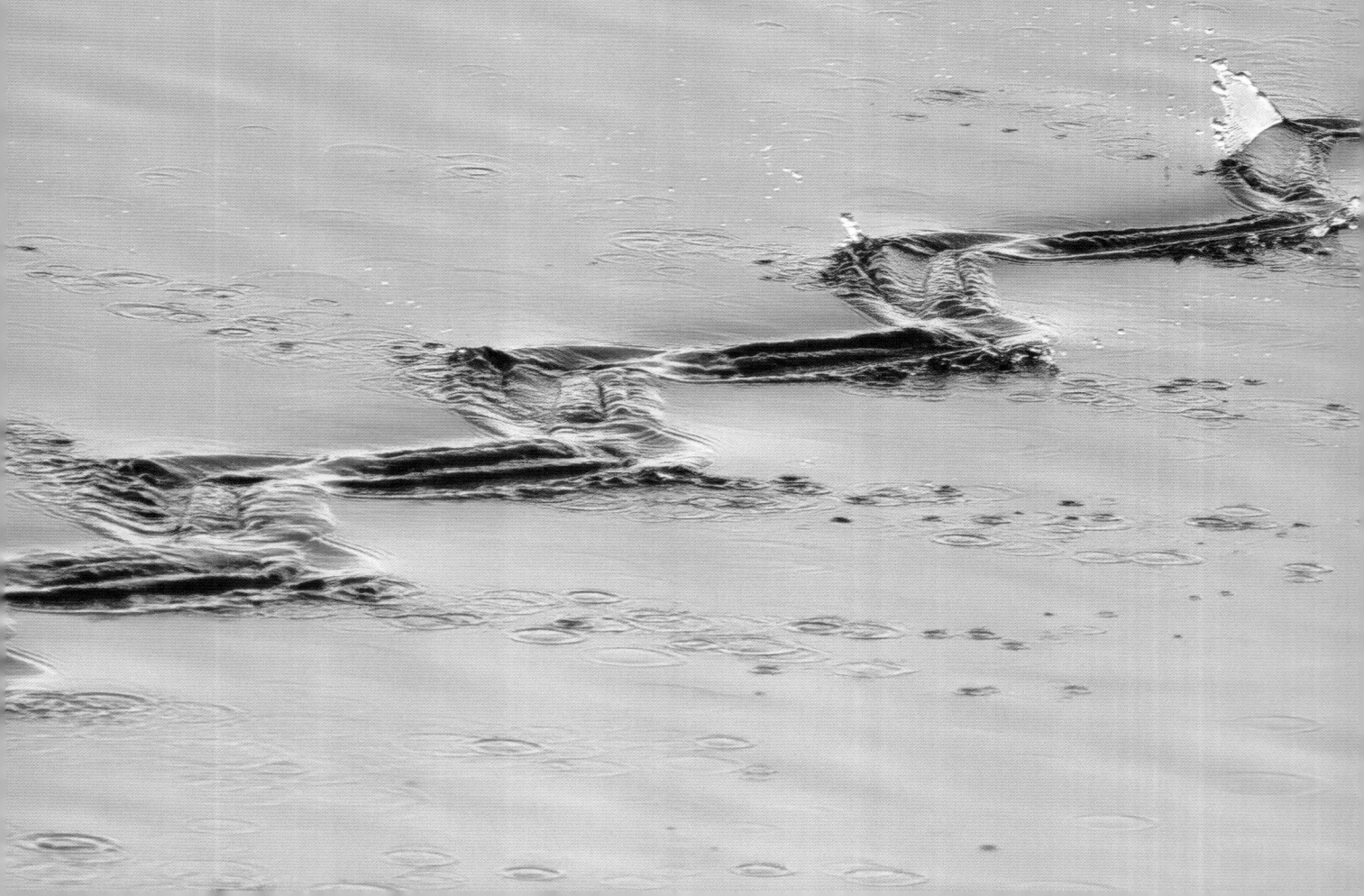

入海中。如果条件合适，例如遇上风急浪大的天气，它们可以飞得更高，跃出海面6米，有时会降落在小船的甲板上。不过，它们在短暂滑翔时也可能会被俯冲下来的军舰鸟（*Fregata* spp.）一把抓住。

　　虽然受到了来自海里的和空中的掠食者的双重"眷顾"，但是飞鱼毫无疑问是成功的远洋生存专家。和很多远洋鱼类不同，它们不会直接在危机四伏的远洋中产卵，而必须找个安全的地方。这说起来容易，做起来却很难。飞鱼栖息的地方往往距离海岸较远，那么它们是如何做到的呢？答案其实就在它们附近——漂浮的海藻。海藻被风暴从海岸栖息地扯断后，会在海洋中游荡数月。这些漂浮的海藻正是飞鱼将卵藏起来的理想场所。不过，飞鱼产卵仍会吸引四面八方的掠食者。大青鲨（*Prionace glauca*）是另一种适应远洋生活的鱼类，它们的镰刀形的狭长胸鳍也像翅膀一样，可用于水下滑行。它们会迅速找到正在产卵的飞鱼，然后大快朵颐一番。因此，飞鱼产卵最安全的地方是漂浮着的海藻的深处。不过，大量的海藻可能会将产卵的飞鱼困住，使它们无法挣脱，最终葬身于此。

远洋顺风车

漂浮的海藻为远洋中的无数生物提供了栖息地，但近年来除了海藻，海面上出现了各种垃圾，成为了海洋生物的致命浮岛。被丢弃的渔网尤其危险，它们常被称为"幽灵网"。即使渔民早已离开，渔网也仍在工作。据估计，全球每年约有70万吨渔网被遗留在海洋中，捕获约65万只海洋动物。小漂浮蟹（*Planes minutus*）就是其中之一，但这种蟹将逆境转化为了优势。

与大多数生活在海底的螃蟹不同，小漂浮蟹的生活方式非常特别。它们生活在广阔的远洋区域，自由游动的幼体会在蓝色海洋中四处游荡，寻找落脚之处。漂浮的马尾藻（*Sargassum* spp.）和巨藻、火山浮岩、废弃的渔网、沥青球（小漂浮蟹有时会误食沥青球），甚至水雷都曾被小漂浮蟹作为栖息地，但越来越多的海上塑料垃圾成为了它们的主要选择。在拍摄《地球脉动Ⅲ》的一段视频期间，摄制组还发现了各种出乎意料的东西（如情人节礼物和气球等）都被小漂浮蟹和其他海洋生物占据，一同在海中继续流浪。

不过，有的小漂浮蟹选择了更加理想的栖息地。它们四处漂泊，寻找海龟［如红海龟（*Caretta caretta*）、绿海龟和太平洋丽龟（*Lepidochelys olivacea*）］，成为这些海龟的永久"搭便车者"。不幸的是，很多海龟会被漂浮的塑料垃圾困住。摄制组在短暂的拍摄过程中曾解救过几只海龟。研究表明，海洋中的塑料在海水中浸泡后所散发出来的气味会引发海龟的觅食行为。海洋捕食者识别猎物和寻找高生产力区域时所依赖的气味与这种气味类似。海龟能探测到空气中的气

▼ 小漂浮蟹是一种小型甲壳类动物，其甲壳（外壳）的长度不超过17.5毫米，通常不到10毫米。

味，如食物的气味。此外，它们还能闻到海藻释放的有机化合物二甲基硫的气味，而这正是海洋中高生产力区域的一个重要指标。食物和二甲基硫的气味与被生物附着的塑料的气味很难区分，所以海龟常常被欺骗。海龟会频繁地将鼻孔伸出水面嗅探空气中的气味，朝着"香喷喷的食物"兴高采烈地游去。殊不知，这只是附着在塑料上的海藻和其他微生物活动所释放的二甲基硫的气味，被错误吸引的海龟就这样踏上了不归路。

　　对那些躲过一劫的海龟来说，它们很可能会获得一位或多位甲壳类乘客。成年小漂浮蟹会趁机转移到海龟身上，并在其甲壳下找到一处舒适的住所。最受欢迎的位置是海龟的尾巴和后部的鳍脚周围。有时，新来的小漂浮蟹可能会遇到已经在那里定居的异性蟹。这样，它们不仅能获得宿主提供的现成食物，还能找到终身伴侣，真可谓一举两得。不过，并非每只小漂浮蟹都能遇到这等好事。在人工饲养条件下，这些小家伙有时会相互残食。人们对与海龟共生的小漂浮蟹进行了胃部内容物分析，也发现了其他蟹的残骸。与此同时，海龟用免费食宿换来了清洁服务。研究表明，与海龟共生的小漂浮蟹比那些以其他漂浮物为家的蟹吃得更丰盛，而且同类之间的相互攻击更少，因此它们不用为觅食和繁殖太忧心，也不必花费时间和精力来清理伤口。

　　在过去很长的一段时间里，人们曾认为小漂浮蟹只吃海龟的排泄物，但现在我们知道，它们的食谱其实非常丰富。发现附近有可食用的东西时，它们会暂时离开海龟，但基本上只在几厘米远的地方觅食。这是因为它们最多

▲ 一只小漂浮蟹紧紧抓住废弃的渔网，但那只向它游来的海龟是更好的栖身之所，前提是这只海龟不被渔网缠住，而这恰恰是目前海龟死亡的常见原因之一。

只能游半小时，否则就会因力竭而沉入海底。它们只能向前游动，8条腿相互协作。第一对和第二对腿在海水中支撑身体，而第三对和第四对腿则提供前进的推力。它们有一种独特的启动方式：用第四对腿上的刺抓住海龟，而用前三对腿拍打海水，当达到一定速度时，就可以出击了，用更适合切割的钳子抓住猎物。它们的猎物包括小鱼、磷虾、等足类动物、海蜇、微小的乌贼，甚至是那些更小的小漂浮蟹。一般来说，小漂浮蟹会避开蜇人的水母及其近亲，不过它们有时也抓纽鳃樽（*Salpidae spp.*），并以其胃部内容物为食。食物可以大到与小漂浮蟹一样大，而吃剩的食物都会被留待日后享用。作为海龟的清洁工，它们会咬下寄生在海龟身上的端足类动物和藤壶幼体（这些幼体在海龟的壳或其他部位定居。这些寄生生物长大后异常麻烦，而且会减慢海龟行动的速度）。总的来说，这是一种互惠互利的共生策略，既有利于海龟，也有利于小漂浮蟹。但前提是小漂浮蟹能从短暂的外出觅食中顺利返回，否则它们恐怕就要沉入黑暗而幽深的海底了。

▶ 两只颜色和海龟壳相近的小漂浮蟹趴在海龟身上。若非仔细观察，你可能会将它们忽略掉。小漂浮蟹会将那些可能减慢海龟行动速度的寄生生物清除掉，维持海龟身体的干净和健康。

深海暮光带

　　海洋学家认为，地球上大约四分之一的生命存在于深海中，而其中约90%的生命形式迄今尚未被发现。对绝大多数人来说，深海是一个完全陌生的世界。在海中每下潜10米，压力就会增加大约1个标准大气压（相当于海平面的大气压）。而深度超过200米后，几乎就没有可见光了，仅在白天有微弱的、星星点点的阳光。这是深海的第一个主要区域，被称为暮光带，从海面以下200米一直延伸到1000米的深度。

　　暮光带中有独特的捕食者和猎物，最特别的是许多生物会发光，以此来吸引猎物或掩饰自己的存在，或者吓跑捕食者。由于视力有限，这些生物拥有特殊的器官，用来探测水中的运动和震动。偶尔还有一些来自海面的访客，如眼睛硕大的剑鱼（*Xiphias gladius*）。虽然这并不是一个靠眼睛过活的世界，但是在极其微弱的光线下，保证自己不被看见才是上上之策。

　　小头乌贼（*Cranchiidae* spp.）是暮光带中的隐形高手，这种头足类动物几乎完全透明，只有眼睛、触手和少数内部器官是可见的。深色的纺锤形消化腺相当于哺乳动物的肝脏，而小头乌贼可以任意改变这个消化腺的位置，以确保无论自己处于何种姿态，消化腺总是朝向上方，以最小化其在下方捕食者眼中的轮廓。小头乌贼的眼睛清晰可见，像变色龙的两只眼睛一样可以独立移动。眼睛下方有发光器官，因此从下方看去，小头乌贼的眼睛就与来自海面上方的微弱光线似乎融为了一体。在一些小头乌贼物种中，消化腺也会以类似的方式发光，这样它们就让自己在暮光带中完全"消失"了。

　　小头乌贼通过其家族的特有器官——体内的氨溶液囊来保持浮力。氨的密度比小头乌贼身体的其他部分的小，因此有助于小头乌贼获得中性浮力[1]。当受到威胁时，它们可以吸水使身体膨胀来恐吓敌人，还可以喷射墨汁形成"烟幕"来迷惑敌人。通常，它们利用鳍来移动，但在紧急情况也通过喷射推进方式快速逃跑。如果这些都不管用，它们还可以像乌龟一样将头和触角都缩进外套腔中。

---

[1] 放置在水中的物体所受到的浮力的大小等于它所排开的水的重力。如果水中物体排开的水的重力大于其本身的重力，该物体将浮在水面上，我们称它具有正浮力；反之则下沉，我们称它具有负浮力。如果物体排开的水的重力和其本身的重力相等，该物体就会悬浮于水中，我们称它受到的浮力为中性浮力（neutral buoyancy）。中性浮力这一概念在潜水、航天器设计、水下工程等领域非常重要。在潜水时，潜水员可以通过调整自己的浮力控制装置来获得中性浮力，这样可以更轻松地在水中移动，减少对海洋生物的干扰。在航天器设计中，中性浮力也用于模拟失重环境，帮助航天员进行训练。——译者注

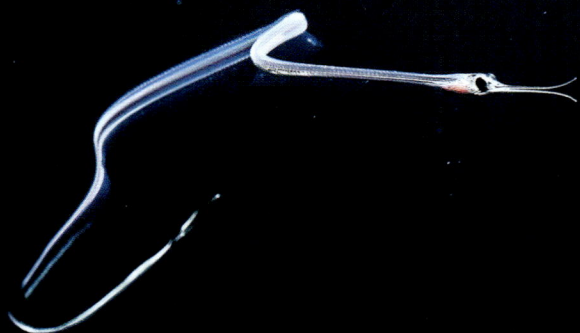

深海午夜带

在1000米以下的深海，阳光几乎无法到达，这里的生物与它们的浅海同类截然不同。寻找食物就像碰运气，因此午夜带的生物演化出了各种能最大化觅食机会的性状。比如，嘴巴几乎占据了宽咽鱼（*Eurypharynx pelecanoides*）的整个身体。当它们悠闲地游动时，嘴巴收拢，但是在捕食时，它们的嘴巴可以极度扩张，吞下甚至比自己的体形还大的猎物。当目标出现在攻击范围内时，宽咽鱼就会向前猛冲，张开上下颌将其捕获。这种推进式捕食方式和鹈鹕的类似，因此它们也被称为鹈鹕鳗。它们的胃部也能扩张，使其能够吞食并消化比自己大的鱼类和乌贼。此外，宽咽鱼也可以像滤食性须鲸一样，先闭着嘴巴游入深海虾群或小乌贼群中，然后张开嘴巴将猎物一口吞下，随后再闭上嘴巴，通过鳃排出多余的海水。

▼ 用"全身上下都是嘴"来形容宽咽鱼再合适不过了，其头部有一个袋状的嘴巴，后面拖着纤细的身体。虽然宽咽鱼的身体看起来纤细，但它们的胃能极度扩张。嘴巴能吃下的猎物有多大，胃就能撑多大。

章鱼花园

下潜到海面以下3000～6000米，就进入了深渊带，这里的水温为0～4摄氏度，压力是地表大气压的300～600倍。深渊带的水并不清澈，一场暴风雪般的海洋雪在海水中飘荡。海洋雪是一种持续不断的颗粒流，其中包括死去的浮游植物、沙粒、烟灰以及几乎所有生活在海洋上层的动物的粪便，它们在漆黑的深渊带中看起来就像纷纷扬扬的白雪。这些"雪花"到达海底时可能有几厘米宽。

这些"雪花"有时需要一个多月的时间才能沉积在海底。虽然沉积速度缓慢，但从陆地吹入远洋的黏土、随河流进入海中的淤泥以及海洋雪的持续输入在深渊带的海底形成了一层厚实而光滑的泥浆毯。这层泥浆毯以每100万年约6米的速度缓慢变厚，使海底看起来平坦而单调，就像沙漠一样。这就是覆盖地球表面约四分之一的深海平原，是地球上最平坦的地方。

海洋雪还是深海生物的主要食物来源。虽然大多数生物依赖从上方沉降下来的有机碎屑，但是在荒凉的深渊带中它们经常食不果腹。即便如此，它们还能生存下来，因为这里极其寒冷，生物体的新陈代谢异常缓慢。由于"降雪"不可预测，深渊带中的动物（包括食物链上游的生物）都必须学会在没有食物的情况下生存数周。饥饿和等待才是这里的常态。各种动物都将自己的能量需求降到最低。它们移动得非常缓慢，或者只是悬浮在海水中，然后开始漫长的等待。有时，它们什么也等不到。

▲ 数百只雌性珍珠章鱼蜷曲在海底，好似一朵朵盛开的鲜花。它们是尽职尽责的好妈妈，守护着身下正在发育的卵。

令人惊讶的是,海洋表层的变化对这些深海生命有着深刻的影响。过度捕捞势必会使深海平原上的动物获得的资源减少,曾经为它们提供粪便和死亡后腐烂的躯体的鱼类等表层生物被大规模地捕捞走了,最重要的食物来源就这么被掠夺一空。可想而知,深海生物的种群数量必然会大幅减少。那些直接位于大型渔场下方的深海生物积聚区必将经历一段黑暗的岁月,这是科学家此前未曾意识到的。人类不仅在耗尽鱼类资源,由此引起的连锁反应还对深海平原生态系统造成了无法估量的破坏。

即便如此,在正常年份中,当温暖的春季来临时,温带和极地海域仍旧会迎来生产力大暴发的盛景。浮游生物(如硅藻)在海洋表层大量繁殖后,大量有机物会沉降下来。这些有机物会引发以藻类为食的纽鳃樽等海洋中层生物的快速增殖。而当这些海洋中层生物死亡后,它们的尸体将继续沉降,为深海生物"雪中送炭",带来丰盛的食物。同时,作为人类应对气候变化的盟友,它们还将碳输送到了海底。这种突然的大量有机物沉降在几周内提供的食物量可能相当于平时几年才能到达深海的量,真可谓"瑞雪兆丰年"。

一眼望去,广阔的深海平原似乎死气沉沉,但靠近仔细观察的话,你就会发现一些神奇的动物,如好似踩着高跷的短头深海狗母鱼(*Bathypterois grallator*)[1]和海猪(*Scotoplanes* spp.)。海猪是一类海参,有着圆滚滚的身体,再加上它们会在海底的泥巴中寻找食物,看起来就像拱泥巴的猪。即便如此,这里的动物还是非常

---

[1] 短头深海狗母鱼所在的深海狗母鱼属(*Bathypterois*)隶属仙女鱼目炉眼鱼科。深海狗母鱼最特别的地方是它们能利用由腹鳍和尾鳍延长而来的鳍条形成稳定的三点支撑结构,一动也不动地"站立"在海底,看起来就像踩在高跷上一样。它们的英文名字为"tripod fish",意为"三脚架鱼",生动地反映了深海狗母鱼的这一特点。——译者注

▶ 珍珠章鱼的卵就像泪滴状胶囊,其大小和小橄榄差不多。章鱼妈妈会花上大约两年时间保护这些卵,确保它们有足够的氧气,而且不会被淤泥覆盖。

▲ 从卵中孵化出来的迷你珍珠章鱼发育得如此完善，它们已经可以独立生存了。虽然它们的体形很小，但是它们的"新手装备"几乎是已知的章鱼和乌贼幼体中最棒的，可以帮助它们在深海中谋求生路。

稀少，看起来更像寸草不生的沙漠而不是海底。令人意想不到的是，科学家在加利福尼亚州的蒙特雷湾乘着深潜设备缓缓下沉，来到海平面以下约3200米处，发现了不止一只珍珠章鱼（Muusoctopus robustus），而是一个珍珠章鱼的育儿园。我们可以想象他们的惊讶和兴奋之情。经过仔细搜查，科学家发现附近至少有20000只雌性珍珠章鱼，它们几乎都在孵卵。他们将这个地方称为章鱼花园[1]，此地位于戴维森海山底部的一处岩石露头上。除了少数几只珍珠章鱼漂浮在海水中外，其他的都将自己倒转过来或蜷缩着，紧贴海床。这标志着它们正在孵卵。随着水下摄像机的靠近，珍珠章鱼妈妈身下的卵内的小小胚胎也越来越清晰。

摄像机还捕捉到另一个现象：章鱼花园上方的海水闪烁着微光，就像空气在散发热量的黑色沥青路面上方闪烁一样。这意味着这些海水是温暖的。温度探测器显示，这片海床裂缝中的水温超过5摄氏度，而周围环境中的水温为1.6摄氏度。这些温水通过裂缝从热泉中涌出，生物学家称之为章鱼温泉。

章鱼通常是独居动物，因此它们大量聚集在一起的场景并不常见。研究人员观察到雌性珍珠章鱼成群结队地散布在温水渗出的海床裂缝旁，他们推测这些雌性珍珠章鱼齐聚于此是因为受到了"温暖"的诱惑。在这片深海的冷水中，变温动物的胚胎发育非常缓慢。例如，某些深海章鱼需要3年才能将卵成功孵化。然而，通过浸泡在温水中，珍珠章鱼妈妈将卵的孵化期缩短到了两年。在珍珠章鱼妈妈的精心照料下，在温泉中孵化出的幼体是所有章鱼幼体中体形最大且发育最完善的，它们出生时已经是母亲的缩小版，能够独立游走。珍珠章鱼妈妈也终于为自己的努力画上了句号。当最后一只小章鱼离巢后，它们已经筋疲力尽，只剩下生命的最后一息。

---

[1] 一位目睹这神奇一幕的科学家说，许许多多章鱼蜷缩为单个的球体，整齐地排列在海床之上，好似一朵朵盛开的鲜花，这一切像极了甲壳虫乐队的歌曲《章鱼花园》所描述的奇幻场景，故将其命名为"章鱼花园"。——译者注

▲ 黑烟囱喷出的热水富含金属硫
   化物，这些深色物质在喷口处
   不断沉积，形成黑烟囱。黑烟
   囱的温度比白烟囱的温度高，
   水温甚至能超过400摄氏度，
   足以将铅熔化。

海底烟囱

戴维森海山底部喷出的水的温度其实并不高，深海海底还潜藏着更加滚烫的海水喷口，这就是深海热液喷口，从中喷出的海水温度高达400摄氏度。这个温度足以将海底地壳岩石中的金属元素提取出来并将其溶解在海水中。当这些喷流而出的热水与较冷的海水相遇时，金属会发生化学反应并沉淀下来，最终形成高达10米的烟囱状地貌。深海热液喷口主要有两种类型：黑烟囱和白烟囱，其颜色取决于喷口处沉积的化学物质[1]。二者都有与之相关的动物群落，食物链的底端是化能合成细菌，也就是说这些生物群落并不依赖阳光。研究生命起源的生物学家认为深海热液喷口很有可能是生命起源的场所。有证据表明，类似的热液活动还存在于太阳系其他星球的海洋中，如木星的卫星木卫二（欧罗巴）以及土星的卫星土卫二和土卫六。科学家对此兴奋不已，猜测那些地方可能也孕育着某种形式的生命！

[1] 黑烟囱之所以呈黑色是因为其喷口处形成了金属硫化物沉积（如黄铁矿、磁黄铁矿、闪锌矿等）；白烟囱之所以呈白色则是因为其喷口处的沉积物主要为方解石构成的碳酸盐类沉积，有时也富含钡和硅元素，这使得沉积物整体表现为白色。——译者注

海洋哀歌

　　智利西部的太平洋沿岸海域是地球上最生机勃勃的海域之一，而其高生产力可能就源于深海热液喷口。与喷口相关的研究主要集中在非常深的海洋中脊系统（如东太平洋海隆），但当研究人员开始关注浅海喷口（如火山弧附近的喷口）时，他们发现这些喷口与海面之间的联系可能非常密切。简而言之，对生物来说至关重要的金属元素从海底岩石中析出，然后随海水喷出，又在热液羽中上升到海洋表面。因此，这些热液喷口直接为光合作用带生物提供了必需的营养物质。研究人员在热液喷口上方和横向扩散的羽流中检测到了显著的痕量金属[1]溶解流，其中包括锰、铁、铜、镍、锌、钴、镉以及镧等元素。这些都是海洋生物必需的微量元素。铁等金属元素在某些海域十分匮乏，限制了初级生产力，而热液喷口正好帮助解决了这一问题。此外，热液羽中的化学过程防止了铁和海洋生物必需的其他金属元素沉降到海底，使得这些元素可以被水柱中的海洋生物利用。

　　智利沿岸的近海水域分布着各种海洋景观，其中包括东智利海岭的热液喷口

▼ 在南美洲西部的太平洋沿岸近海水域，在阳光下闪闪发光的鳀鱼正成群游弋，它们是智利和秘鲁商业捕捞的对象之一。

---

[1] 海洋中的痕量金属是指海水中浓度低于 100 微摩 / 千克的金属元素。痕量金属几乎参与了海洋生命活动的方方面面，从初级生产力中细胞质的形成到蛋白质的合成几乎都离不开痕量金属。一些痕量金属，尤其是一些过渡金属对有机体的生长至关重要。——译者注

▲ 南海狮不满足在围网外徘徊捡漏，面对眼前成千上万惊慌失措的鱼，它们还会闯入智利渔民的围网，到围网中央去觅食（图①）。

系统。在地球上被研究得最为详尽的地方之一——智利三联点[1]，一个海底扩张中心正在往大陆之下俯冲，造就了可能唯一存在所有已知深海景观的地方，其中包括热液喷口、冷泉和低氧区等。热液喷口为这里丰富的海洋景观类型做出了贡献，然而也带来了厄运。火山成因块状硫化物（Volcanogenic Massive Sulphide，VMS）矿床的形成源于热液喷口。这些硫化物从热液中析出时就形成了海底黑烟囱所喷出的黑色"烟雾"。VMS矿床主要含有铜和锌，还含有金、银、铅、钴、锡、钡、硫、硒、锰、镉、铟、铋、碲、镓和锗等诸多元素。因此，随着深海平原上的铁锰结核、大陆架上的磷灰石以及河口海滩上的金和钛等矿床的发现，矿产勘探者开始"入侵"该区域，结果是热液喷口可能会被摧毁，深海平原可能会被挖掘，深海生态系统也有可能遭到破坏。2023年，太平洋的矿产勘探合同已被签署。随着全球能源转型对关键矿产的需求大幅增长，陆上矿产资源供应趋紧，被认为极具潜力的深海采矿已经成为了人们开发资源的下一个焦点。遗憾的是，这将不可避免地扰乱和破坏脆弱而古老的深海生态系统。

如果智利的海洋生物能够在这样的大肆入侵中生存下来，那么肯定还有其他自然过程在支持该地区的高生产力。在春季和夏季，频繁的海风有利于南美洲西部的太平洋沿岸形成强劲的上升流，海床沉积物中丰富的营养物质随海水上升，支持了从浮游植物到鱼类和海洋哺乳动物的巨大海洋生物群。

[1] 智利三联点是指纳兹卡、南美洲与南极洲三个板块两两相对运动的交会点（约南纬 46.2 度，西经 75.2 度）。在智利三联点以南，南极洲板块向南美洲板块俯冲，该区域的一系列洋脊沿近乎平行于海沟的方向俯冲至南美洲板块下方，是典型的楔形板块俯冲带。而在智利三联点以北，纳兹卡板块现存两个平板俯冲带。——译者注

③

大量繁殖的浮游生物为这里的鱼类提供了充足的饵料。例如，鳀鱼仍是目前渔业活动的主要捕捞对象，这里形成了世界上最大的鳀鱼渔场。令人惊讶的是，对鳀鱼的捕捞改变了群栖在智利海岸的南海狮（*Otaria flavescens*）的行为。它们懂得捕捞队为其提供的一种简单而风险较高的获取食物的方式，而且它们从小就开始学习这种捕食方式。

在抚育幼崽时，南海狮会确保幼崽断奶并学会捕食的时间正好赶上鱼群和渔船的聚集期。每天，年幼的南海狮和长辈都在期盼发动机轰鸣声的到来，这就像不可抗拒的晚餐铃声。然后，它们成群结队地跟随渔船出海。

渔民们拉起巨大的围网，一次性将整个鱼群困住，南海狮也会随之跳入网中，攻击被困的鱼群，尽可能多地捕食，但这其实相当危险。当围网被拉高绷紧时，有些南海狮才发现自己已经无法逃脱。在鱼群的重压下，它们挣扎着试图回到海面呼吸，但只是徒劳，最终因窒息而死亡。有些在捕捞过程中受伤的南海狮则是在渔船返回港口后不久才死掉的，这称为隐蔽死亡。事实上，大多数死亡是拖网导致的，而不是捕捞船只。南海狮在围网中受伤或因被困在围网中而溺亡。最灵活的南海狮也许能够跳出围网，但随着围网越拉越紧，渔民们会敲击船体驱赶它们。大部分南海狮似乎知道这是结束的信号，于是开始疯狂地逃离，但在这混乱中，它们中总有一些被困在网内。有时，虽然进入围网觅食的南海狮非常多，但令人惊讶的是许多南海狮竟然能逃出生天。

智利海岸的鳀鱼捕捞与南海狮之间的故事只是日益严峻的全球性生物保护问题的一个缩影。当非目标物种被特定渔业活动意外捕获时，海洋生态系统受到的影响可能是毁灭性的。这种现象称为兼捕（也称为副渔获）。除了目标物种外，渔民会将他们不想要、不能销售或因渔业配额而不允许保留的生物统统丢弃。其他硬骨鱼类、鲨鱼、鳐鱼、海洋哺乳动物、海鸟和海龟等都面临着兼捕的危险。

▲ 南海狮（图②）在智利水域是一种保护动物，因此渔民只能承受损失。它们给渔民所造成的损失很难准确估计，因为不同数据之间存在很大差异。一些渔民报告称南海狮使他们的收入减少了50%以上，而一项独立研究估计南海狮只让渔民的收入减少了3%。

▲ 随着围网收紧，大量南海狮集中在一起（图③）。那些经验丰富的南海狮会在被困前赶紧跳出围网，但年轻的南海狮仍在毫无戒备地继续捕食。

▲ 在最终将围网拉上船时，渔民们会敲击船体，这是让南海狮快点离开的信号。

实际上，任何在网中或渔线上意外出现的生物都可能成为兼捕对象。在通常情况下，兼捕的生物在被扔回海中时已经死了，这对食腐动物来说是从天而降的短期食物供给，但从长远看，这势必会打破海洋食物网的平衡。

那些因兼捕而亡的生物无法繁衍后代。对于类似加利福尼亚湾中的海豚科物种小头鼠海豚（*Phocoena sinus*）等哺乳动物来说，成为兼捕对象可能是压死骆驼的最后一根稻草。早在1996年，小头鼠海豚就被列为极度濒危物种。据估计，目前地球上的小头鼠海豚仅剩10只左右。但直到今天，它们仍旧无法躲开加利福尼亚湾的小网眼刺网，而这正是它们死亡的主要原因。那里的渔业捕捞的目标是加利福尼亚湾石首鱼（*Totoaba macdonaldi*），那是一种同样处于濒危状态的鱼类。尽管有捕捞禁令，但市场上对其鱼鳔[1]的需求仍然存在，这同时加速了这两种生物走向灭绝的

[1] 鱼鳔，也称为鱼肚、鱼胶或花胶，是我国的一种传统补品。——译者注

速度。类似地，在南大洋[1]，估计每年有10万只信天翁、鹱类和其他海鸟被为金枪鱼（*Thunnus* spp.）及其他鱼类设置的陷阱所捕获。尽管在如何投放渔网、渔线以最小化兼捕方面有相关的官方规定，但许多渔民不能遵守规定。在有的远洋海域，尖吻鲭鲨（*Isurus oxyrinchus*）和大青鲨也是金枪鱼商业捕捞的牺牲品。事实上，在全球海洋中，鲨鱼和鳐鱼因兼捕而遭受的伤害远远超过其他动物类群。

　　问题在于，所有这些物种，无论是捕获目标还是兼捕物种，因为受到浮游植物锋和高生产力区域的限制，都会按照类似的路线在海洋中迁徙，或者聚集在海洋中的一些重要觅食区域，而这些地方恰恰也是渔船聚集的地方。因此，全球范围内兼捕的统计数据令人不安。根据联合国粮食及农业组织的数据，超过40%的海洋渔业捕获物属于兼捕，而且几乎都会被扔掉。兼捕和过度捕捞毁掉了许多海洋生物（包括商业捕捞的主要对象）的主要食物来源，将对海洋生态系统产生显著影响。这不仅关乎自然界的生态平衡，也关乎人类的生存，关乎我们自己。这意味着千百万人的食品安全可能受到威胁。

――――――――――――

[1] 国际上指围绕南极洲的海洋，也称南冰洋。——译者注

▼ 一只南海狮幼崽被困在围网中无法逃脱，与围网外的母亲"遥遥相望"。母亲在拼命呼唤，似乎是让幼崽快点离开，但无济于事。

第6章

广 袤 之 原

　　辽阔的草原和严酷的沙漠共同构成了广袤的天空之境，地球上再也没有其他地方能给人如此开阔的感觉。放眼望去，只有茫茫的草海和沙海。这意味着动物在这里几乎没有藏身之处，因此生活在这里的捕食者必须学会隐藏自己，悄无声息且行动迅捷，或者能够从空中发起突然袭击，这样才能捕食成功。而猎物要么具有"消失"的本领，要么体魄强健、速度极快，这样才能死里逃生。

　　无论是沙漠还是草原，其主要特征都是降雨量稀少，都是由太阳和风这两种强大的自然力量所塑造的。不过沙漠中的水资源更加缺乏，一些沙漠几乎没有降雨，只有非常耐旱的植物和动物才能生存下来。那里的植被极其稀疏，因此有大片土地裸露。草原的水分条件比沙漠稍好一些，但仍旧无法支持高大的树木生长，其稀疏的植被面貌主要通过野火以及动物的啃食和践踏得以维持。即便如此，这些干旱地区仍旧生活着超乎寻常的生物，其肥力有时令人惊讶。当久旱逢甘霖时，这些地方将变成色彩斑斓的梦幻花海。一些区域（特别是草原）还成为了人类定居和发展农业的沃土，毕竟在这些相对平坦的土地上耕作非常方便。但是，这也就意味着随着人类的迁入，野生动物被挤出了它们的栖息地，有时甚至会面临毁灭性的后果。作为世界上最古老的草原之一，南美洲的塞拉多草原就是一个典型例子。这里有成片的稀树草原和干旱森林，然而大片区域已被烧毁开辟成了农田，用以养牛和种植大豆。在过去，塞拉多草原是地球上5%的动植物的家园，其中的许多植物物种仅分布在该地区，而如今这些物种都面临着严重威胁。

◀ 在美国加利福尼亚州的卡里索平原上，金灿灿的金鸡菊（*Coreopsis* spp.）和紫红火焰草（*Castilleja exserta*）在降雨后迎来了盛放。这些植物像地毯一般沿着圣安德烈亚斯断层绵延不绝，形成了美丽的大地调色板。

在沙漠中育娃

▼ 在纳米布沙漠中生活的非洲鸵鸟家族人丁兴旺，因为它们能够在缺乏规律的短暂食物供应充足期产下许多后代。这得益于它们灵活的繁殖策略，以及较短的产卵期和孵化期。

在纳米比亚南部的蒂拉斯山脉，炎热和缺水时刻挑战着存活在此的生命。在这片世界上最古老的沙漠——纳米布沙漠的中心，白天的气温高达约 50 摄氏度，堪比人间炼狱，然而世界上最大的鸟类——非洲鸵鸟（*Struthio camelus*）将此处作为了它们的繁殖地。它们并没有像人们想的那样远离沙漠，而是毅然前往沙漠深处最荒凉的地方，以尽量减少捕食者对其巢穴的攻击。即便如此，猎豹（*Acinonyx jubatus*）、黑背胡狼（*Lupulella mesomelas*）、杂色狼和鹰类（*Accipitridae* spp.）等还是会在附近出没，尤其是在夜间。因此，雌性和雄性非洲鸵鸟需要轮流看守巢穴，同时保护卵免受酷热和严寒的侵袭。雌鸟通常承担白天的看护工作，而雄鸟则在夜间值班，保护卵免受低温的影响。因为这里的空气非常干燥，万里无云，夜幕降临后白天积累的热量很快就会消散，气温随之骤降。

每年,纳米布沙漠中的非洲鸵鸟夫妇们几乎都会在同一时间产卵和抚养雏鸟。令人惊讶的是,它们还能将雏鸟孵化出来的时间安排在下雨的时候,也就是沙漠中植被最好的季节。非洲鸵鸟夫妇不舍昼夜,共同守护卵 41～43 天,然后雏鸟就孵化出来了,但它们不是同时孵化出来的。长期以来保护它们的酷热环境,现在对新出生的雏鸟来说却成了威胁。卵会在几天内陆续孵化,但鸵鸟夫妇不能等到所有雏鸟都破壳而出。它们必须尽快带着最早孵出的雏鸟远离烈日和高温。它们面临的选择就像在赌博:还要等多久,什么时候离开? 显然,经验丰富的鸵鸟能做出正确的决定,因为孵化出来的绝大多数雏鸟活了下来。

处境艰难的狒狒

只有年降雨量少于250毫米的地方才能称为沙漠。在一些沙漠，特别是湿度低、气温高的沙漠中，降雨在接触地面之前就有可能蒸发掉。这种现象称为雨幡[1]，这使得水成为这里最宝贵的资源，而正是稀缺的降雨主宰了这里的所有生命。

纳米布沙漠的察奥比斯自然公园中生活着一群豚尾狒狒（*Papio ursinus*），这里是除人类之外的其他灵长类动物所生存的极端干旱的环境之一。5500万年来，这片土地一直如此干旱。如今，这里的夏季日间气温接近40摄氏度，但冬季气温仅为6摄氏度，夜间气温则会降到零摄氏度以下。在一年中，这里只有仲夏时节才会有少量降雨，而整个冬季可能不见一滴雨，地表水（如溪流和河流）几乎完全消失了。一年中有8个月都可能没有降雨，因此豚尾狒狒群的主要任务便是寻找水源。在干旱最严重的时候，在找到水源之前，豚尾狒狒也许好几天都喝不上水，而能否找到水源取决于它们能否发现那些世代相传的秘密水源的位置。

---

[1] 雨幡是气象学上的一个专业术语，指的是气温太高导致雨滴在下落过程中不断蒸发而在云层底部形成的丝缕状悬垂物，每一缕悬垂物中都有数不尽的雨点。它们由线到面织成了一面雨做的旗帜，你也可以称它为云端垂下的幕布。——译者注

　　豚尾狒狒依靠渗透水（即从峡谷岩壁的裂缝间流出的微小水流）维持生存。这些渗透水来自靠近纳米比亚与安哥拉交界处的复杂的地下含水层。那里储存的水足以满足纳米比亚北部未来 400 年的用水需求，而且这一供水系统已有至少 1 万年的历史了。岩壁的渗透水是沙漠地区为数不多的存在地下水的迹象之一，但每个渗水点都很小，一次只能供一只豚尾狒狒饮用。对于豚尾狒狒群中地位较低的狒狒来说，它们只能让地位较高的狒狒先喝水，而且极有可能等到最后也喝不上水。

　　当整个豚尾狒狒群聚集在如此有限的水源点时，许多个体被迫挤在相对狭小的空间内，内部的冲突在所难免。为了喝水，地位较低的豚尾狒狒不得不以一种可能会令它们感到恐惧的方式接近地位较高的个体。一个豚尾狒狒群大约有 50 只狒狒，在酷热和干旱的双重压迫下，它们的情绪高度紧张，内部争斗频繁发生，不论是雄性还是雌性都会与其他狒狒发生争斗。比如，一只带着幼崽的、地位较低的雌性狒狒急需喝水产生乳汁来哺育后代，而仅靠找到的有限的植物种子根本无法获得足够的水分。通常，它只有等到大多数狒狒解渴之后才能到渗水点喝水。因此，它很可能需要铤而走险去插队喝水。这时，争斗一触即发。在纳米布沙漠中，作为一只豚尾狒狒已经很艰难了，而作为一只地位较低的豚尾狒狒更加艰难。

▲ 在炎热干燥的纳米布沙漠中，冲突不可避免，一只占主导地位的雄性狒狒正在恐吓和驱赶一只抱着幼崽的、地位较低的雌性狒狒。

烈日下的求偶

▶ 一只雄性斑大亭鸟站在它希望
能够给雌鸟留下深刻印象的地
方（对页上图），也就是由草
搭建而成、装饰着蜗牛壳的凉
亭的一边。然后，它开始自己
的展示环节（对页下图）。

在沙漠中，水资源尤其珍贵，以至于它对动物生命中的每个阶段都可能影响深远，在求偶时也是如此。这次我们要介绍的故事中的求偶者是一只雄性斑大亭鸟（*Chlamydera maculata*），这种鸟生活在澳大利亚东部的干旱地区。在这些地方，它们长期暴露在干旱和高温下，其羽毛也与干旱的背景几乎融为一体。和所有园丁鸟科[1]的鸟类一样，雄性斑大亭鸟在繁殖季节需要建造一个精致的凉亭，从众多的竞争者中脱颖而出，以吸引雌鸟。

一只雄性斑大亭鸟用树枝和草茎建造了一个长廊式凉亭，但真正吸引雌鸟的是它在凉亭前放置的东西。在这片物资匮乏的半荒漠中，最普通的东西也可能被用作装饰品来吸引雌鸟的注意。人们曾看到雄鸟用骨头和蜗牛壳装饰凉亭——这真是独特的品位。无论如何，这是雄鸟花费了两个月准备的求爱礼物，其间雄鸟几乎把所有时间都花在建造凉亭上，以博得雌鸟的青睐。但它的对手不容小觑，有的可能有超过 20 年的求偶经验，所以竞争异常激烈。假如雄鸟离开凉亭去寻找更多装饰用的蜗牛壳，那么它将冒着被竞争对手闯入并将其精心建造的凉亭破坏的风险。竞争对手甚至可能顺手牵羊，拿走一件珍贵的装饰品作为纪念。即便如此，雄鸟也只能将被破坏的凉亭紧急修复好，然后赶紧准备面对雌鸟。它尽可能地将凉亭装饰得当，让凉亭保持最佳状态，然后排练独特的求爱之舞，对自己的求偶叫声精益求精。接下来就到了在雌鸟面前展示它的所有辛勤工作和练习成果的时刻。尽管它已经尽了最大努力，但雌鸟迟迟没有出现。是它哪里做得还不够好吗？答案显然是否定的，因为其他雄鸟也都失败了。

这种鸟类的繁殖依赖短暂的降雨。如果一些年份缺少降雨，雌鸟就会拒绝繁殖，因为它们依赖降雨为幼鸟提供食物，否则即使繁殖了，也只是徒劳一场。这并非偶然事件。多年来，斑大亭鸟所生活的区域的降雨实在太少了。由于全球气候变化，澳大利亚的气温上升和水分蒸发速度比其他大陆都快，这直接导致澳大利亚某些区域的斑大亭鸟已经至少有 4 年没有繁殖过了。不断打破纪录的高温和有史以来最严重的干旱，使得它们的整个生命周期的平衡被打破了。这只是干旱影响下的一个微不足道的例子，我们甚至无法感同身受，直到干旱带来的灾难最终降临到我们身上。

---

[1] 园丁鸟科约有 27 种鸟，主要分布在澳大利亚和新几内亚地区，这类鸟以独特的求偶行为而闻名。雄鸟会通过建造一个类似凉亭的东西，并用树枝和鲜艳的物品装饰它，以吸引雌鸟。因此，它们搭建的东西也称为求偶亭。——译者注

肆意蔓延的沙漠

持续突破纪录的高温和严重的干旱将导致沙漠和其他干旱地区的范围不断扩大，这一过程称为荒漠化。荒漠化经常发生在气候变化和不可持续的农业实践等因素导致土地更加干旱、生产性土地被过度使用而退化的地区。全球约四分之一的人口生活在干旱地区，荒漠化对人类的影响是非常显著的。据估计，在未来10年，可能将有5000万人因粮食和水资源不足等问题而被迫离开家园，而且越贫困的地区受到的影响越严重。因为人类，地球荒漠化的范围达到了前所未有的规模，而无论是野生动物还是我们都已经受到了荒漠化的直接威胁。

在我们的印象中，或许荒漠化应该发生在像受到撒哈拉沙漠持续向南侵袭影响的萨赫勒这样的干旱草原地带，但在一些意想不到的地区，荒漠化问题也日益突出。例如，西班牙约有五分之一的土地面临严重的荒漠化风险，希腊和意大利的大片土地面临同样的威胁，北美洲西部也存在类似的问题。由于缺乏降雨，加上农耕和放牧，受损的干旱土壤正逐渐将曾经肥沃的田地变成贫瘠的荒地。最糟糕的情况莫过于这些地区的村庄可能会被移动的沙丘彻底掩埋。这意味着人类和野生动物都将失去家园，摆在他们面前的选择只有两个：要么离开，要么等死。像阿富汗的雷吉斯坦沙漠一样，这里的荒漠化正在侵蚀农业用地和人们的生存空间，村庄被摧毁殆尽，人们流离失所。这正是我们这个时代面临的最严峻的环境挑战之一。

▼ 该村庄的建筑属于阿联酋 "Sha'bi" [1] 社区住房项目，建于20世纪60年代后期，以鼓励游牧部落贝都因人 [2] 在合适的地方定居。由于缺乏水资源和电力系统，这个村庄很快就被废弃了，沙漠开始慢慢吞噬这片土地。

[1] "Sha'bi" 社区：意为 "人民的房子"，是阿联酋政府于20世纪60年代发起的公共住房项目，旨在为阿联酋人民提供现代住房和生活标准，建筑由具有围院的单层预制结构组成。——译者注

[2] 贝都因人是以氏族部落为单位在沙漠中过游牧生活的阿拉伯人。"贝都因" 在阿拉伯语中意指 "居住在沙漠中的人"。从北非到中东，贝都因人分布甚广。他们的分布地区包括埃及、叙利亚、以色列、约旦、沙特阿拉伯、也门、伊拉克、摩洛哥、苏丹、阿尔及利亚、突尼斯及利比亚等。——译者注

"歌唱沙丘"在利瓦绿洲中绵延起伏。在沙漠中，温度可以在短短几小时内从零下 5 摄氏度升高至 50 摄氏度，这种快速变化可以引起强风。在阿联酋的沙漠中，无情的风足以吹动沙丘，使得沙子开始"歌唱"。沙崩的声音类似低空飞行的双发喷气式飞机发出的声音，在 10 千米之外都能听到。

哈布沙尘暴

沙漠是世界上最大的沙尘来源。例如，位于撒哈拉沙漠南缘的博德莱洼地产生了如此多的沙尘，以至于巨大的尘埃云伴随着风穿过整个大西洋。这些沙尘来自干涸的湖床，而其中已经死掉的淡水浮游植物富含磷和铁。因此，当这些尘埃云沉积在南美洲的亚马孙盆地中时，它们滋养了这片土地，也就是说地球上最富饶的陆地栖息地之一由大洋彼岸最荒凉的陆地支撑，维持着生机。

然而，沙尘并不限于沙漠地区。这一点在 20 世纪 30 年代的北美地区体现得淋漓尽致，当时人们还为此创造了"dust bowl"（尘暴中心）这个词。严重的干旱以及农民对土地的不当使用，使得北美地区本就遭到破坏的原始表土持续受到风蚀，最终导致了严重的沙尘暴和农业的全线崩溃。在沙尘暴的高峰期，大西洋上的船只都积满了灰尘。这种被称为"黑色暴风雪"的沙尘暴的影响一直持续到 20 世纪 50 年代。21 世纪，人们仍在经历这样的大规模沙尘暴。

亚利桑那州的凤凰城是美国人口第五多的城市，居住人口超过 150 万。然而，在一年中特定的几天里，这个地方几乎空无一人，俨然成为了一座令人毛骨悚然的鬼城。其实，人们是为了躲避某种与《圣经》中所描述的场景类似的大灾难。问题在于这座城市被索诺拉沙漠包围，所以每当条件合适时，天气锋 [1] 将携带一堵高 1 千米、宽数千米、移动速度超过 110 千米 / 时的沙墙，席卷整个城市。白天突然变成黑夜，就像关灯了一样。这就是城市中的哈布沙尘暴 [2]。

哈布沙尘暴是在特定天气条件下形成的强烈沙尘暴。当雷雨来袭时，一股下沉的冷空气会将沙漠中干燥而松散的沙子和黏土吹起，在风暴云形成之前首先形成一堵悬浮在空中的沙墙。降雨通常无法抵达地面，因为雨滴在炎热干燥的空气中直接蒸发了——这是另一种形式的雨幡。最大的哈布沙尘暴宽达 160 千米，高达数千米，而凤凰城并不是唯一遭受这种沙尘暴袭击的地方。2023 年 5 月，在美国伊利诺伊州法姆维尔以北的 55 号州际公路上，一场沙尘暴突然降临，造成 72 辆车连环相撞，最终导致 7 人死亡和 37 人受伤。几乎任何沙漠和其他特别干燥的环境都有可能产生哈布沙尘暴，这种沙尘暴还会导致许多人的呼吸系统出现问题。2022 年，伊拉克发生了类似的沙尘暴，约 5000 人因此寻求医疗救助。与几年前相比，如今这种沙尘暴发生的可能性越来越大了。

---

[1] 天气锋（weather front）为气象学中用来描述一个气团的前端或前缘的术语，这个气团将很快取代特定区域上空的气团。——译者注
[2] 哈布沙尘暴是一种由锋面风所驱动的强烈沙尘暴，有时还伴有暴雨、雷电和小型龙卷风，气团移动时像一堵高大的黑色或黄色沙墙。哈布沙尘暴经常发生在世界各地的干旱地区。——译者注

▼ 在美国亚利桑那州的索诺拉沙漠，狂风卷起的巨大尘埃云席卷了整个地区。

荒漠与密林之间

▼ 斑纹角马有一种非凡的本领，能够预知哪里的水草最为丰美。当它们与斑马群一起到达塞伦盖蒂国家公园的希登瓦利谷和纳比山之间时，草原已经郁郁葱葱。

在靠近沙漠的地区，假如降雨较为频繁，就会形成另一种栖息地——草原。因为水分还不足以养活森林，但足以支持禾草的生长，于是形成了大片的草海，一直延伸到地平线之外。这种水和草的简单组合就像一种魔法，催生了世界上那些我们耳熟能详的大草原——非洲的稀树草原、北美洲的大草原、欧亚的大草原以及南美洲的潘帕斯草原和塞拉多草原。这些地方栖息着众多陆地动物，其中大部分是食草动物。

禾草能养活这些食草动物是因为其独特的生长方式。即使禾草被啃食了，但只要靠近地面处仍有部分叶片残存，它们就能重新焕发生机，因为剩下的叶子可以继续进行光合作用。但如果禾草受损严重，其储存的碳水化合物就会优先支持植株的重新生长。此时植株的根部会暂停生长，主要进行叶片组织的更新。此外，禾草的生长点——顶端分生组织也非常接近地面，通常不会被啃食。通过这种方式，只要降雨充足，草原就能不断更新，食草动物也就总能找到食物维生。

在非洲的稀树草原上，斑纹角马（*Connochaetes taurinus*）成群聚集在一起，队伍庞大，可以从一条地平线延伸到另一条地平线。它们有一种神奇的技能，可以感知草原上何时何地会下雨，并在恰当的时候朝着那个地方前进。一路上，它

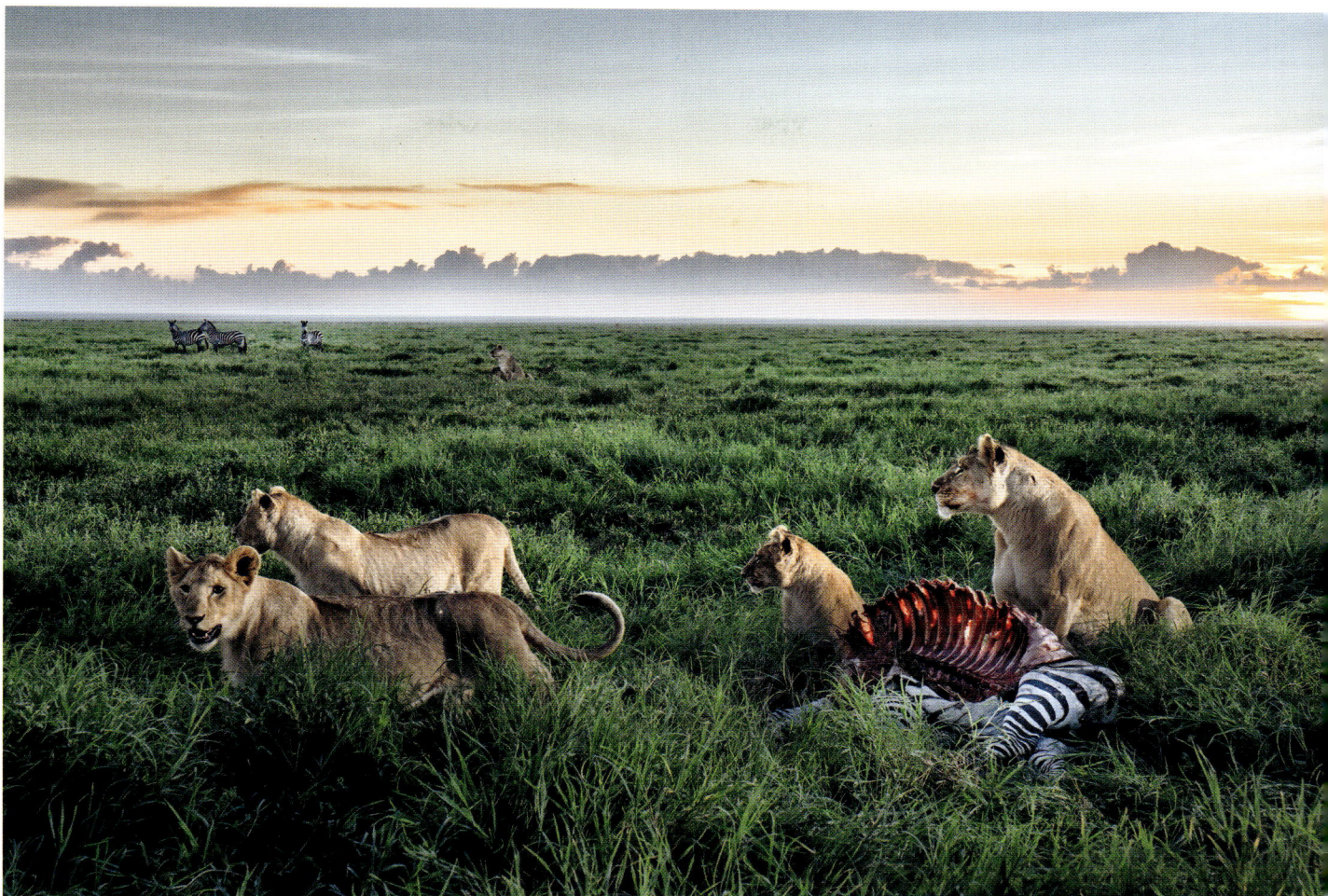

们必须当心紧随其后的那些狡猾的食肉动物。令人惊讶的是，这些捕食者对于保护草原至关重要，因为在它们的追逐下，食草动物被迫持续前进，这样某片区域就不会被过度啃食了。

　　在连绵起伏的稀树草原上，蔚为壮观的角马群、斑马群和瞪羚群被狮子、豹（*Panthera pardus*）、猎豹和杂色狼等追捕，它们之间关于灵活度、速度和耐力的较量决定着是捕食者将战利品收入腹中还是猎物轻易逃脱。根据统计数据，猎物似乎技高一筹。例如，大约42%的猎豹捕食行动以失败告终，而狮子捕食的失败率更是高达75%。不过，有些捕食者找到了提高捕食成功率的好办法。

▲ 但凡某个地方有一大群食草动物，食肉动物就必定紧随其后。这次狮子的捕食行动大获全胜，它们猎杀了一头倒霉的斑马，并吃掉了其一半的肉。

4只猎豹为了避开正午最毒辣的阳光，正躲在一棵孤零零的伞冠金合欢（*Vachellia tortilis*）的树荫下乘凉、休憩。

从天而降的危险

　　豹是一种具有超强适应性的猫科动物。在非洲南部，人们发现少数豹将"隐身"技术提升到了一个全新的水平。它们捕食的目标是成群的黑斑羚。为了躲避正午的烈日和酷热，黑斑羚会在树荫下乘凉，尤其是在吊瓜树（*Kigelia africana*，因

其果实呈香肠状，所以又称为"香肠树"）的下面。和大多数在温和条件下开花（比如雨季后开花）的木本植物不同，吊瓜树倾向于在雨季前开花，而且通常是稀树草原上最早开花的树木之一。它们的花成串开放（为圆锥花序），呈栗色或暗红色，花蜜从喇叭形的花朵中溢出。鸟类和小猴子都会被它们的香甜气息所吸引，一些花朵因拜访者的光顾而不可避免地掉落在地上。黑斑羚会来吃这些花朵，毕竟此时大部分植物依旧干枯。然而，这可能是一个致命的选择，因为吊瓜树的枝干上可能正潜伏着一只豹。

　　一般来说，黑斑羚所面临的潜在威胁都来自视线内，或者灌木丛、岩石等的后面，因此它们不太可能向树上观察。由于吊瓜树下的花朵可能是方圆数千米内唯一的食物，饥饿的黑斑羚在享用时往往忘却了危险。此时，豹明显占据优势，它巧妙地利用那棵开花的吊瓜树来设置致命的陷阱。它潜伏在一根远高于地面的树枝上，既没有被看到，也没有发出任何声音。它几乎纹丝不动，深知必须等到黑斑羚来到恰当的位置才能进行干净利落的捕食行动。只要察觉到丝毫危险，黑斑羚就会以接近 64 千米 / 时的速度逃跑。它们能跳过 2.5 米高的灌木，甚至跳过其他黑斑羚，而且能迅速改变方向。这样的速度在草原上是很好的防御技能，前提是它们有机会逃跑。豹耐心等待，一旦黑斑羚到位，它便会从高达 10 米的树枝上毫不犹豫地跳下，扑向目标。

　　但是，这样奇特的狩猎只有极少数是成功的。从如此高度跳下，每一次都是有风险的，有的豹在采用这种捕食策略时曾被反杀。不过，由于地面上几乎没有掩护，这样做确实给了它们更多的捕猎机会。当采取这种特殊捕食方式的豹成功时，它会在空中以一个惊人的跳跃短暂"飞翔"，黑斑羚根本无法看到从天而降的危险。

◀ 非洲豹（*Panthera pardus pardus*）依靠伏击捕捉猎物，会出其不意地发动突然袭击。

▼ 一只豹正躲在离地面约 10 米高的树枝上，黑斑羚看不到它（图①）。当猎物来到合适的位置时，豹就会从树上跳下，落到它的身上（图②）。黑斑羚没有看到豹来袭，几乎在顷刻间毙命了（图③）。

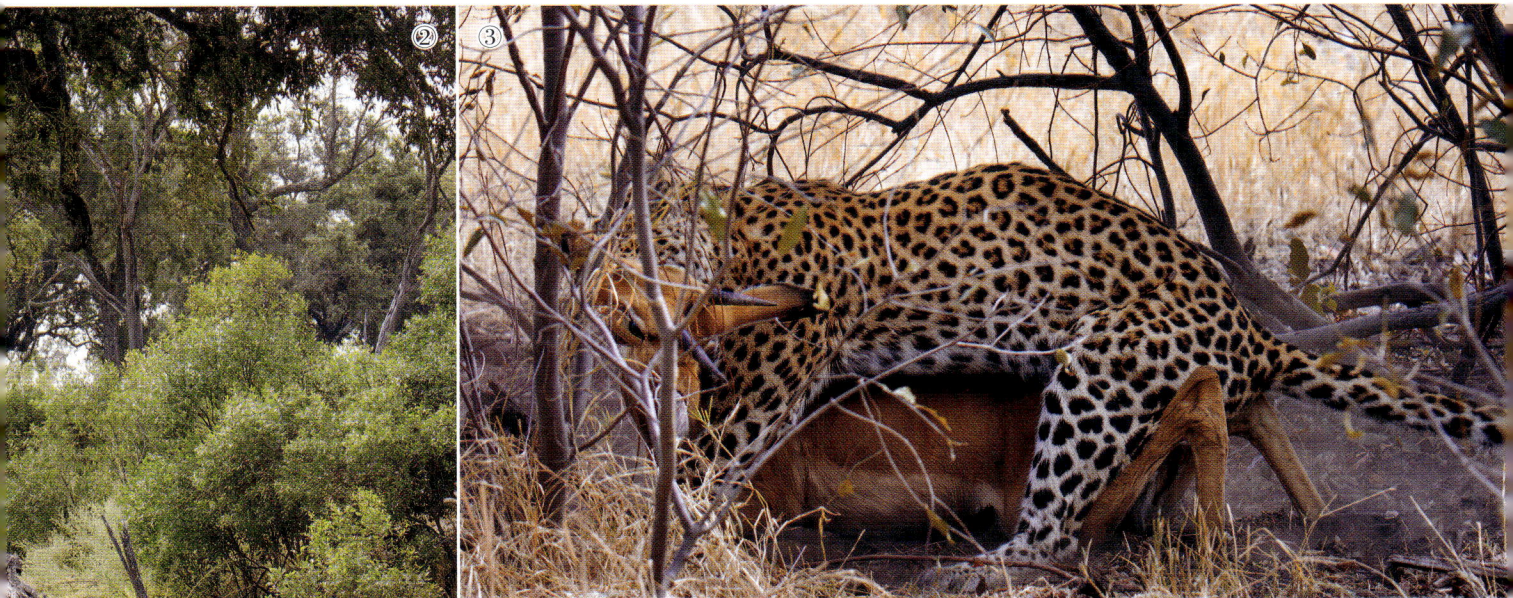

大鼻子之战

▶ 雄性高鼻羚羊的鼻子绝对是所有动物中最令人印象深刻的，尤其是在发情期，继续膨大的鼻子神气极了。这种鼻子不仅可以提供视觉和听觉信号以赶走竞争对手，还能作为吸引潜在伴侣的绝佳资本。

　　高鼻羚羊（*Saiga tatarica*）是第四纪末次冰期幸存下来的生物之一，目前生活在欧亚大陆面积广阔的大草原上。它们分布于温带草原生态区中气候较为恶劣的区域，西起匈牙利，东至中国（可惜的是，目前中国的高鼻羚羊野生种群已经灭绝了），延绵数千千米。草原的冬天极其寒冷，气温会降到零下50摄氏度甚至更低，但夏天则异常炎热，气温高达45摄氏度。这些地方的风又多又猛烈，风速最高甚至超过130千米/时，是地球上仅存的荒野地保护区之一。

　　高鼻羚羊是一种长相怪异的羚羊，它们的鼻子又大又长。到了冬天，雄性高鼻羚羊的鼻子还会继续膨大，高高地隆起。每到特定季节，高鼻羚羊就会聚集成群，在夏季牧场和冬季牧场之间进行跨越1000多千米的长距离迁徙，过着追随雨水和鲜草的游牧生活。但它们的旅程并不轻松，为了生存和繁衍，它们需要穿过草原间那些干燥、尘土飞扬的地方，这时奇怪而又功能多样的大鼻子可就派上用场了。

　　虽然高鼻羚羊每天可以迁徙80~120千米，但它们面临一个严峻的问题：迁徙时它们的头部几乎一直被淹没在由大队伍踢起的滚滚灰尘中。此时，大鼻子就可以过滤灰尘，就像除尘器一样，净化它们吸入的空气。此外，高鼻羚羊所处的环境气候变化很大，夏天炎热，冬天寒冷，大鼻子就是它们抵御恶劣气候的秘密武器。在夏天，大鼻子可以帮助它们快速散热；而在冬天，冷空气进入肺部之前，较大的鼻腔又能先加热空气。奇特的鼻子结构不仅让高鼻羚羊能在尘土飞扬的高原上自由呼吸，而且在每年的几周里还有另一个功能——给异性留下深刻印象。

　　高鼻羚羊一年中的大部分时间在长途跋涉，它们只会短暂地停留两次，其中一次是发情期，另一次是分娩期。位于俄罗斯里海西北岸的斯捷普诺伊自然保护区有一处高鼻羚羊繁殖地。在这里，雄性高鼻羚羊不得不面对许多也有繁殖打算的对手，因此每年11月至来年1月，雄性高鼻羚羊在此为争夺交配权而战。在这段时间里，雄性高鼻羚羊意气风发，换上了浅色外衣，顶着膨大的鼻子，看起来就像电影《星球大战》中的神奇动物。它们的发情行为通常有两次转折，起初表现为零星的活动，然后在大约两周的时间内达到高峰，再逐渐减弱。它们之间的战斗可能会持续很长时间，耗费大量精力，有时还会致命，因此雄性高鼻羚羊会尽量避免战斗的发生。一只在高鼻羚羊群中地位崇高的雄性可能只需要高昂着头大步走动，气势汹汹地用蹄子刨地，并用鼻子发出响亮的声音就能吓跑年轻的挑战者。为了达到最佳效果，雄性高鼻羚羊会改变自己鼻子的形状，使鼻子的下侧凹陷得更厉害，从而将鼻腔的声道延长约20%。一只雄性高鼻羚羊发出低沉、粗嘎的声音正是在警告竞争者它的体魄有多么强壮，战斗力有多么彪悍。当然，这不仅是在向竞争者表明实力，也许还能给听到声音的雌性留下深刻印象。

　　如果某个竞争者认为自己还有超过一半的机会胜出，它就会迎难而上，尝试将上位者取代。接下来的战斗是仪式化的，两只雄性高鼻羚羊先用前蹄刨地，然后发一个无声的信号，它们奔向对方，头对头、角对角，凶猛地撞击对方。中途，它们会停下来，更加频繁地刨地，并做短暂的休息。接下来，它们要么争斗得更

加激烈，看起来势必要斗个你死我活；要么其中一方退出战斗。这种异常残酷的战斗可能会持续很长时间，许多雄性高鼻羚羊最终会因为受伤或精疲力竭而死亡。在地球上最荒凉的栖息地上，这无疑是对雄性高鼻羚羊的一场终极能力测试。

在发情期间，成功战胜其他竞争者的雄性高鼻羚羊会围绕雌性们（在一些特殊情况下甚至多达 50 只）转圈，确保雌性们聚集在一起，尤其是引导那些离群太远的雌性。取得胜利的它昂首挺胸，迈着自信的步伐，偶尔点点头，以安抚每一只雌性。交配通常在夜间进行，此时它的大鼻子再次发挥了重要作用。它会翻起嘴唇，关闭鼻孔，以便用犁鼻器更好地探测、接收那些准备交配的雌性所释放的激素。白日里在殊死战斗中咆哮时，它的嘴唇凹陷，而现在向外凸起，这就是动物的裂唇嗅反应 [1]。如果交配成功，不久之后高鼻羚羊就会抵达每年迁徙中停留的第二站——产崽地。

产崽地到了。这时，雄性、未怀孕的雌性和年幼的高鼻羚羊继续踏上旅途，怀孕的雌性则会成群结队地停下来，而且群体中的雌性几乎同时产崽。新出生的高鼻羚羊在 4 天内无法移动到很远的地方，因此它们被留在草地上。它们的母亲则需要到远处觅食，拼命汲取营养，每天返回一次，给幼崽喂奶。小高鼻羚羊长大些，身体健壮了，它们就会紧跟母亲开启向北的征程。假如遇到捕食者（如狐狸、狼或秃鹰等）前来窥探，小高鼻羚羊会本能地趴在地上，母亲们则一哄而散，赶紧跑开，试图分散捕食者的注意力。但是在开阔的草原上，脆弱的小高鼻羚羊非常容易受到攻击，而且在它们的头顶上盘旋的秃鹰很可能暴露它们的位置。仅在狼群的一次屠杀下，就可能有许多小高鼻羚羊死掉。而那些侥幸逃脱的小高鼻羚羊会跟随它们的母亲，继续努力追赶早已先行的大部队。

每一只顺利出生、平安长大的小高鼻羚羊对于该物种的生存都至关重要。20 世纪 90 年代，人们为了获取雄性高鼻羚羊弯曲、坚硬的角作为传统药物，对其进行了不加节制的捕猎，导致高鼻羚羊极度濒危。当时，高鼻羚羊还获得了一个不光彩的称号——"地球上数量下降最快的哺乳动物之一"。高鼻羚羊很容易感染疾病。细菌的肆虐曾导致高鼻羚羊种群多次小区域大规模死亡。近年来，得益于保护工作的开展，高鼻羚羊的野外种群数量有所上升，特别是在哈萨克斯坦的西部恢复成效显著。目前，仅这一地区的高鼻羚羊就多达 120 万只，有人已经开始担心高鼻羚羊可能会与家畜争夺牧草和水源。回顾历史，不免让人感慨，高鼻羚羊在历经惊心动魄的兴衰之后，成为了动物中伟大的幸存者之一。

◀ 高鼻羚羊因怪异的大鼻子，看起来也许有些滑稽可笑，但它们在为争夺交配权而战时非常认真，激烈的冲突甚至会导致其中一方失去生命。

---

[1] 裂唇嗅为上唇翻起之特殊行为，可见于有蹄类动物、猫科动物及其他哺乳类动物。此行为有利于信息素与其他气味传递至犁鼻器。——译者注

"踩高跷的狐狸"

▶ 鬃狼异常长的腿使其能够在塞拉多草原上又深又密的禾草间自由穿梭。

在地球另一端的南美洲，另一种不同寻常的动物潜藏在塞拉多草原茂密的草丛中。塞拉多草原是巴西的第二大生境，其面积仅次于北边的亚马孙雨林。塞拉多草原由一块块不断变化的热带草原和稀树草原拼接而成，整体呈马赛克状，年平均气温约为 24 摄氏度，降雨主要集中在夏季。塞拉多草原是世界上最富饶的草原之一，拥有成千上万的特有植物和动物，其中之一便是鬃狼（*Chrysocyon brachyurus*）。鬃狼是一种十分神秘的动物，神出鬼没。它们既不是真正的狼也不是狐狸，不过常被称为"踩高跷的狐狸"。它们有厚厚的红棕色皮毛，黑色的腿异常地长，耳朵竖立着，以适应草原环境。

鬃狼是杂食动物，在一年中的多数时候以水果和蔬菜果腹，它们尤其喜欢狼茄子（*Solanum lycocarpum*）的果实。这种植物也因此被称为"狼的植物"或"狼的果实"。狼茄子是塞拉多草原上的一种先锋树种，高 3～5 米，其果实是类似小番茄的浆果。狼茄子的果实等植物性食物占鬃狼吃下去的食物的约 50%，这意味着鬃狼这个"塞拉多的园丁"是重要的种子传播者。这不仅有益于栖息地的健康，也增进了依赖这片土地生存的其他物种的福祉。也就是说，鬃狼是塞拉多草原的一个关键物种。

▼ 鬃狼非常神秘，它们的巢穴内部更是难得一见，这对《地球脉动Ⅲ》的摄制组来说是第一次，也是非常幸运的经历。

关于这种难觅其踪的动物，人们对它们的了解少得惊人。雄性和雌性鬃狼成对活动的情况较为常见，但并非总是如此。它们通过气味标记植物，在白蚁丘上

排尿以标记自己的领地。小鬃狼出生后的头几天，鬃狼爸爸会外出觅食并带回充足的食物。鬃狼家庭在最初的一周内会留在同一个巢穴中，周围高大的禾草为小鬃狼提供了保护的屏障。当小鬃狼足够大，不需要再喝奶，可以学着探索这片草原时，它们就会每隔几天搬一次家。这时，鬃狼父亲依旧会将肉反刍给小鬃狼，但抚养幼崽的任务已经由鬃狼妈妈主要负责了。

鬃狼妈妈每天都非常繁忙。它大约在太阳落山前一小时的黄昏时分醒来，然后会花上一整晚时间捕食，尽其所能。它不停地摆动耳朵，紧绷神经，时刻关注着灌木丛中的动静。它捕食的对象包括啮齿动物、鸫、蜥蜴和蛇等，甚至包括有毒的响尾蛇。一旦发现猎物，它就会猛扑过去。每当抓到猎物，它就能短暂地休息片刻，然后开始新的搜寻。它会这样持续捕食到日出后几小时。晚上捕食时，猫头鹰会跟着它，到了白天则变成了黄腹隼（*Falco femoralis*）。人们认为这可能是因为它持续的捕食活动会惊扰并吓跑一些小动物，而这正好为这些饥肠辘辘的鸟类的捕食提供了方便。它偏爱禾草齐膝高的开阔环境，只有需要从一片草地到另一片草地或到森林中饮水时才会进入有树的区域。除了捕食，它大部分时间在开阔的草原上睡觉。在那里，它需要对美洲豹和美洲狮（*Puma concolor*）保持警惕，因此它会定期更换巢穴。

刚出生的小鬃狼颜色较深，但在三周后会慢慢变浅。三个月大时，它们就会开始学习捕食，模仿母亲的扑击行为。大约一年后，它们才能独立生存。但并不是所有的小鬃狼都能平安活到那时，每年都有很大比例的小鬃狼死去，但这还不是鬃狼父母担心的唯一问题。鬃狼的生存需要空间，而塞拉多草原上合适的栖息地正在迅速减少。

◀ 旱季的傍晚，在巴西卡纳斯特拉山国家公园中，一只鬃狼正在草原上迎着霞光捕食。

烈火中的塞拉多

　　塞拉多草原正因人类发生着翻天覆地的变化——以惊人的速度被改造成农业用地。这些土地要么被用作养牛场，要么被种上供牲畜食用的大豆等，而这些作物收获后主要被运往欧洲。自 20 世纪 50 年代以来，塞拉多近一半面积的原生草原已经消失了，其消失速度甚至远超亚马孙热带雨林。实际上，它的消失速度是亚马孙热带雨林的 4 倍。它被破坏的速度比地球上任何其他生态系统都要快得多。为了开垦农田而故意点燃的大火越来越多，这种毫无节制的毁灭式开垦也导致了越来越多的野火。一项研究报告表明，塞拉多草原正在经历严重的灭绝事件。据估计，这里的植物灭绝率比世界上其他地方记录的植物灭绝率都要高出一个数量级。塞拉多草原目前只有 7%～8% 的面积得到了官方保护，而我们必须保护它。和所有草原一样，这片正在不断缩小的南美草原对全球气候至关重要。塞拉多草原是一个非常重要的碳库，其地下的草根系统和土壤中储存着大量的碳。这也是塞拉多草原经常被称为"倒置的森林"的原因。在塞拉多草原上，近 70% 的生物量都隐藏在地面之下。

▼ 塞拉多草原上的大火将天空映成了橙红色。人们为了种植农作物和养牛而故意点燃的大火失控般地摧毁了这片独特而古老的生物栖息地。

▲ 尽管硝烟四起的战争和猖獗的盗猎留下的痛苦仍历历在目，但大量非洲草原象重新回到了乍得扎库马国家公园的草原上。

▶ 扎库马是苏丹-萨赫勒生态区[1]最后留存下来的完整区域之一。每年中的大部分时候，该区域处在严重干旱的威胁下。但当雨季到来时，也就是7~9月，扎库马的活力就会被彻底唤醒，成为一个美丽的生态天堂。

---

[1] 苏丹-萨赫勒生态区位于撒哈拉沙漠以南，以变化多样的气候而闻名。稀树草原、森林和湿地共同构成这一区域的核心地带。——译者注

生态天堂扎库马

当科学家和环保主义者为塞拉多草原的快速破坏坐立难安时，还有一片草原曾经历过一段可以称为"社会和生态灾难"的艰难时期，但如今它已经焕然一新，讲述着鼓舞人心的故事，向我们展示了大自然强大的恢复能力，告诉我们大自然需要的或许只是片刻喘息的时间。这片草原位于撒哈拉沙漠的边缘，在非洲中北部的内陆国家乍得的扎库马地区。

扎库马国家公园是乍得最古老的保护区，也是该地区曾经广泛分布的生态系统的少数残存区域之一。扎库马国家公园的地形十分平坦，栖息地以稀树草原为主，成为了北部条件恶劣的沙漠与中部雨林之间的过渡区。这里曾经是野生动物的天堂，但人类的政治斗争和内战使这一切都化为了泡影。野生动物被肆意屠杀，成千上万的非洲草原象（*Loxodonta africana*）因人类非法盗猎获取其象牙而葬身于此。如今，该地区正在经历一场生态复兴。扎库马被政府宣布为保护区，并由公益组织非洲公园[2]进行监管，正在逐渐恢复其昔日的繁荣。

在旱季，野生动物会不约而同地前往水坑饮水，它们聚集的场面十分壮观。

---

[2] 非洲公园是一个非政府组织，专注于通过保护区管理来保护生物多样性，成立于2000年，总部设在南非约翰内斯堡。——译者注

▼ 扎库马是世界上大约 50% 的科尔多凡长颈鹿的家园。科尔多凡长颈鹿是生活在乍得南部和中非西部其他地区的长颈鹿（*Giraffa camelopardalis*）的一个亚种，目前一共只有不到 3000 只。调查显示，扎库马地区的科尔多凡长颈鹿数量正在上升。

数量庞大的奎利亚雀属（*Quelea*）的鸟儿成群结队，以草籽为食，在水坑旁喝水，吸引了空中的猛禽和附近的狒狒等捕食者。红蜂虎（*Merops nubicus*）忙着在沙质河岸上筑巢，薮猫（*Leptailurus serval*）在专心致志地捕捉鲶鱼，幼崽紧跟着狮群看似悠闲地从这里经过。比起南部的狮子，这里的狮子亚种与亚洲狮（*Panthera leo persica*）的亲缘关系更近。扎库马还聚集着种类繁多的羚羊，甚至包括扭角林羚（*Tragelaphus strepsiceros*）、赤额瞪羚（*Eudorcas rufifrons*）、杰克逊狷羚（*Alcelaphus buselaphus lelwel*）、马羚（*Hippotragus equinus*）、转角牛羚亚种（*Damaliscus lunatus tiang*）和赤羚（*Kobus kob*）等比较罕见的羚羊。这里还有极度濒危的长颈鹿亚种——科尔多凡长颈鹿（*Giraffa camelopardalis antiquorum*），数量占整个非洲种群的 50% 以上……让人惊喜的是，非洲草原象也回来了。

在 21 世纪的第一个十年，生活在扎库马的非洲草原象的数量锐减了 95%。成功的反盗猎巡逻扭转了这一趋势，但守护者也付出了惨痛的代价。在那段动荡时期，至少 23 名巡护员丧生于此。我们永远记得他们留下的"遗产"。现在，扎库马是非洲为数不多的大象数量在增加的地方之一。2021 年的一项调查显示，扎库马的非洲草原象超过 636 头。它们成群结队地在公园内游荡，有时多达上百头。排成一列行进的话，可能至少需要 15 分钟，整个象群才能全部从你的面前通过。在开阔地带上，它们会紧紧地聚集在一起。这是一种独特的生存行为，是它们在大屠杀时期学会的，就像鱼群在试图躲避鲨鱼的捕食时形成的紧密集群一样。非洲草原象的重要性不仅体现在它们作为动物本身上，还体现在它们作为一种关键

物种影响了其生存的整个生态系统的运作方式上。

　　非洲草原象是生态工程师、景观设计师和园丁。它们啃食和推倒小树的行为有助于新的植物生长，让草原保持原貌，而不至于被树木取代。新的植物可以从大气中吸收更多的二氧化碳。此外，由于每头非洲草原象每天需要消耗 140～300 千克新鲜植物，许多未经肠道消化的种子便借此传播出去。它们还倾向于在稀树草原上长距离旅行，因此种子可能会被带到距离母株 60 千米远的地方，和一团营养丰富的肥料一起掉落在地上，等待合适的机会萌发、生长。

　　在旅行中，非洲草原象还会撕扯阻挡在路上的灌木、树枝，甚至是整棵乔木，这在无意间为其他动物开辟了条条通道。被撕碎的树枝和树叶还为那些无法够到高处的食草动物提供了食物。同时，它们还去除了带刺的灌木，防止草原上灌木丛生。非洲草原象还会利用地下水资源，这使得群落中的其他动物也能获得地下水。在它们用鼻子挖掘地下水的时候，生物所需的泥土深处的矿物质也被带了出来。此外，科学家已经证明，在湿地中，大象粪便的滋养与附近河流中鱼类的种类和丰度之间也存在密切关系。就这样，在非洲草原象的帮助下，扎库马再次繁荣了起来。

　　不过，扎库马的非洲草原象仍然对人类保持警惕，因为战争和盗猎的暴行仍然存在于许多象群成员的记忆中。一些大象身上甚至还有被子弹击中的伤痕，但它们的种群在不断扩大。扎库马实现了伟大的壮举——7 年来，没有任何一头非洲草原象再因人们盗猎象牙而被射杀。而它们也逐渐放下过去，重新开始信任人类。

第7章

危险关系

在气候变化的影响下，亚马孙盆地的森林越来越干燥，导致野火频繁发生。一些野火是自然因素（如雷击等）引发的，而另一些则是人们故意点燃的，用于清理土地进行农业种植。图中的消防员正尽力保护他们所能保护的森林，但不可否认的事实是人类正在全球范围内破坏残存的自然环境。

上一个冰期结束时，地球上只有 400 万人口，还不及今天大伦敦[1]人口的一半。1800 年，全球人口接近 10 亿。仅仅 120 年后，也就是 1920 年，又增至约 20 亿。如今，地球上的总人口已超过了 80 亿，是 1200 年前的 2000 倍以上。值得注意的是，全球人口在 1800 年之前增长得非常缓慢，到了近代才开始迅速增长。现在，每秒钟平均有 4.2 个婴儿出生，同时有 1.8 个人去世。这意味着人类几乎遍布地球的每个角落，野生动植物现在面临着在人类主导的世界中生存的巨大挑战。它们目前只有两条路：要么与人类共存，要么与我们竞争。从数量和能力上看，我们无疑已经成为了塑造地质和生态环境的主要力量，以至于一些科学家将当前的地质时期称为人类世。

---

[1] 大伦敦位于英国英格兰东南部，是英格兰下属的一级行政区划之一，范围大致包含英国首都伦敦及其周围的卫星城镇所组成的都会区。在行政上，该区域是在 1965 年设置的，包含伦敦市与 32 个伦敦自治市，共有 33 个次级行政区。大伦敦的总面积约为 1579 平方千米。——译者注

犀牛城镇行

　　一条穿过尼泊尔的一个小镇中心的道路，意外成为了不速之客的高速公路。一头印度犀牛（*Rhinoceros unicornis*）从飞驰的轿车、卡车和摩托车旁大摇大摆地走过。慢慢地，人们聚了过来，跟在这头印度犀牛后面，沿着街道前行，直到形成一支队伍。这头印度犀牛悠闲地漫着步，偶尔左看看右看看，实际上它只专注于做一件事——寻找食物。它离开了丛林，朝着小镇另一侧的觅食地进发，但必须先经过灯火通明的、嘈杂的商店和咖啡馆才能到达那里。这头印度犀牛一生中所见证的变化，可能比其家族演化史上的任何先辈在过去经历的变化都要多。在过去几千年里，它们的解剖结构和生理特征几乎没有变化，而现在人类正以各种方式改变着它们的生存空间和生活。

　　无差别的猎杀和为了犀牛角而进行的盗猎，加上土地使用的变化，使得尼泊尔的印度犀牛数量急剧下降。在 20 世纪 50 年代之前，尼泊尔有约 1000 头印度犀牛；到 1966 年，只剩下约 100 头。一直到 1973 年，奇特旺国家公园成立，盗猎才得到了控制，印度犀牛的数量开始回升。截至 2021 年，尼泊尔的印度犀牛已达 752 头。2016 年至 2020 年间，有 100 头印度犀牛因自然或不明原因死亡。尼泊尔的自然保护官员心中的一个疑问是为什么会这样。他们认为，气候危机可能是原因之一。极端洪水已经摧毁了公园的部分地区，将印度犀牛冲到下游很远的地方，甚至冲到了印度。而长期干旱又导致印度犀牛用来打滚以调节体温的泥塘数量减少。此外，还有频发的野火侵袭、栖息地破碎化（包括城市化和道路建设项目激增的干扰）以及入侵物种〔如薇甘菊（*Mikania micrantha*）和飞机草（*Chromolaena odorata*）等〕扩散的影响。这些入侵物种使得印度犀牛喜欢的植物无处生长。

◀ 家犬与印度犀牛在尼泊尔的小镇道路上相遇了。在某些地方，这种现象越来越常见。

▲ 印度犀牛看起来很温顺，但这样的庞然大物在小镇中游荡可能会引发混乱，非常危险。2015年，一头印度犀牛闯入尼泊尔南部的赫图阿达镇，展开了一场致命的袭击，杀死了镇上的一名居民，并造成好几个人重伤。

▶ 印度犀牛之所以会在城镇和村庄中出现，是因为它们正沿着传统的路线在栖息地之间移动。这些地方过去曾是郁郁葱葱的草地和森林，如今已被密密麻麻的住宅和商店所取代，但保守的印度犀牛并没有改变它们的路线。

印度犀牛被认为对当前的环境变化具有一定的适应性，并被世界自然保护联盟列为易危而非濒危物种，但未来的情况未必乐观。刚刚提到的心存疑问的自然保护官员通过计算机模型评估了气候和土地使用的变化（包括一个新的国际机场的建设）对目前适合印度犀牛生活的区域的影响，他们预测在50年内三分之一的区域将不再适合印度犀牛生活。

虽然荒野的丧失对人类来说是值得庆祝的城市化发展标志，但是对尼泊尔的印度犀牛来说是个生存障碍，而且不止于此。随着全球城市人口的大幅增长，城市扩张将对生物多样性产生重大影响。根据全球城乡测绘项目（Global Rural Urban Mapping Project，GRUMP），结合城市灯光卫星图像和人口数据，我们可知城市地区可能仅占地球陆地面积的约3%，但它们往往位于生物多样性较高的地区。因此，耶鲁大学的一个研究团队模拟了土地使用的未来变化趋势，预测未来30年可能出现的情况。他们预测了3万多种脊椎动物的命运，发现城市扩张将造成这些物种三分之一的栖息地丧失，其中至少有855种脊椎动物将直接面临灭绝威胁，尤其是在一些人口稠密的热带地区，其中涉及东南亚、南美洲、中美洲和撒哈拉以南的非洲地区。总体而言，随着城市扩张，本地物种的丰富度会下降，但并非所有动物都会受到负面影响。城市化会导致非本地物种或外来物种涌入，机会主义者将占据主导地位。另外，还有可能出现一些危害严重的城市害虫。

"讨价还价"的猴子

在印度尼西亚的巴厘岛,当地自由放养的食蟹猴(*Macaca fascicularis*)[1]与它们的人类邻居建立了一种亲密而又令人不安的关系。例如,在位于该岛南部的布奇半岛上的乌鲁瓦图寺中,食蟹猴会偷窃游客的手机、相机、单肩包、太阳镜、帽子、人字拖等几乎任何东西,然后用这些不义之财向庙里的工作人员或游客换取水果、坚果和糖果等美味食物。当然,这些被偷盗的物品会回到原主手中。

年轻的食蟹猴从长辈那里学会了这种靠偷窃营生的行为。从第一次被发现到至今,这种行为已经存在 30 多年了,并且代代相传,俨然成为了一种文化传承。在占据繁忙旅游区以及拥有更多未成年雄性的食蟹猴群体中,这种行为更为普遍。雄性个体成年后就会被迫离开出生时所在的群体,所以它们很可能承担了将这种行为在不同群体间传播的角色。食蟹猴的偷窃成功率因年龄而异,年长的食蟹猴更擅长从人类那里偷窃贵重的物品,因此能以偷盗来的物品换取更优质的食物。年轻的食蟹猴可能需要尝试很多次,而且成功率不高。

少数年长且聪明的食蟹猴甚至能够识别特定物品的价值,并且只有在获得心仪的食物(如水果)时才会与游客进行交换。虽然该地区其他地方的猴子也会抢夺人们的物品,但只有寺庙里的这些食蟹猴才会用"战利品"换取食物,并且意识到交易物品的价值。手机、近视眼镜和钱包被列在游客的"高度渴望"清单上,而空相机包和发夹的优先级较低。它们知道能用更有价值的物品换取更丰厚的食物,交易时间可能会持续好几分钟。在科学家的一次观察记录中,一位游客整整用了 25 分钟才拿回自己的贵重物品,其中 17 分钟他都在和食蟹猴进行谈判。这么看来,这些食蟹猴确实很会"讨价还价"。

---

[1] 这种猴子喜欢在退潮后到海边找螃蟹和贝类来吃,故名食蟹猴。不过在自然界中,它们的食物来源较为广泛,除了螃蟹以外,水果、树叶、鸟类和其他小动物都是其食用的对象。另外,食蟹猴拥有白色的腹部,灰、褐不等的皮毛,以及最具有标志性的等身长尾,因此又被称为长尾猕猴。——译者注

①

②

③

④

城中的蚂蚁

▼ 在纽约的人行道上，一群铺道蚁发现了一块掉落在街头的食物残渣。它们先将食物分解成小块，然后勤勤恳恳地经过相当长的距离，将一块又一块食物带回隐藏在铺路石下的蚁巢内。工蚁最初会单独外出觅食，一旦锁定食物的位置，它就会招引其他工蚁，将丰富的食物沿最佳路线带回巢穴。

纽约的钢筋、混凝土和玻璃建筑或许与自然世界的距离远得不能再远了，然而令人惊奇的是一些野生生物将家园建在此地。浣熊在垃圾箱中搜寻食物；臭鼬（*Mephitis mephitis*）在公园里闲逛；游隼（*Falco peregrinus*）在摩天大楼的窗台上筑巢，以鸽子为食。而在人行道上，有一种动物如此微小，以至于路人甚至都不会注意到它们。那就是铺道蚁（*Tetramorium immigrans*），它们无疑已经在这里安家落户了。

铺道蚁原产于欧洲，因此在美国它们是外来者。它们最早可能是跟随欧洲殖民者来到美洲的，然后迅速扩散，现在已经在此稳定分布了。不过，对美洲范围内铺道蚁的分子生物学研究显示，该物种具有较低的遗传多样性。这表明最初的铺道蚁可能来自单一蚁群或几个密切相关的蚁群。还有证据表明，这些蚂蚁在人类的帮助下反复迁移并入侵了新的城市。现在，它们已成为了北美地区的典型城市昆虫。

在曼哈顿的百老汇大道上，蚂蚁居住在交通岛等地方的铺路石下。它们挖掘铺路石下的沙子，将其从缝隙间运出去。一个个小小的沙堆就是它们存在的明显迹象。铺路石还有一个重要作用，即吸收和储存阳光的热量，就像储热器一样，

即使在冬天也能帮助蚁巢保持温暖。铺道蚁利用自己挖掘的隧道到达人行道，然后以人行道的裂缝为高速公路，避免被行人踩踏。纽约的铺路蚁可选择的食物种类极为丰富，它们尤其喜欢热狗，对掉在地上的热狗碎屑趋之若鹜。在两侧遍布快餐店的百老汇大道上，铺路蚁每年消费的食物相当于 60000 根热狗。在过去 50 年，美国的快餐业迅速崛起，而这些蚂蚁在食性的演化上也紧随其步伐。据估计，铺道蚁饮食中高达 90% 的部分来自人类食物，这使它们成为了世界上最专业的城市蚂蚁之一。

当蚁群变得太大而需要更多容纳空间时，铺路蚁就会去寻找新的领地。如果它们在此期间遇到另一群蚂蚁，那么一场小规模的战斗就不可避免了。但这些战斗并不像看起来那么致命，科学家将其描述为"仪式之战"。虽然有成千上万只蚂蚁参与，但它们并不会撕裂或蜇刺敌人，而是锁住对方的下颚进行长达数小时的摔跤比赛。双方都会通过信息素形成的气味轨迹来招引同伴，并在战场上寻找对手。这些战斗可能会持续数天，消耗大量能量。有一种理论认为，这种非致命性竞争的演化意义在于让双方都能展示出各自的群体规模，以便确定领地边界，同时又几乎不会使任何一只工蚁受到伤害。

▲ 在纽约的街道上，铺道蚁基本上以垃圾食品和肉类为食，但它们似乎并没有像我们一样因为食用这类食物而遇到健康问题。它们是否更偏好快餐而非蚂蚁通常吃的昆虫尸体，这将是未来科学家研究的一个主题。它们还帮助人们清洁了纽约的街道，老鼠和其他害虫能找到的食物也少了一些。

会隐身的鸟

　　铺道蚁拥有小巧的体形，且具有侵略性，使得蚁群能够有效隐蔽，但对于较大的动物来说，要想在城市中不被察觉，则需要其他技巧。茶色蟆口鸱（*Podargus strigoides*）可以在墨尔本的郊区与人类共处，隐藏在显而易见的地方。有的人可能会觉得奇怪，怎么在显眼的地方躲起来呢？其实，这种鸟是伪装大师。白天，它们采取"树枝姿势"停落在树上静止不动，看起来像真的树枝。到了夜晚，这种鸟才会活跃起来，并显示它们对城市生活的喜爱。它们会飞向最近的路灯，捕捉被灯光吸引的飞虫。因此，人们认为茶色蟆口鸱在墨尔本郊区的密度比周围林地的更高。在郊区生活能够保证食物的丰富性和觅食的便利性。而到了早晨，它们就返回树上，再次伪装成树枝。假如有捕食者在附近出没，它们就必须保持安静，否则很可能会被发现。作为捕鸟高手的猫偶尔也会在郊区觅食。在澳大利亚，流浪猫每天能够造成100多万只鸟死亡，但茶色蟆口鸱巧妙的伪装确保了它们通常不在此统计之列。

　　茶色蟆口鸱停落在树上拉长身体，将身上最为显眼的黄色眼睛眯成一条缝，顺着树干或树枝的角度放置双脚，再加上适宜的羽毛颜色和保持静止的非凡能力，使自己看起来像真的树枝一样。它们的伪装本领还不止于此。当一对茶色蟆口鸱并排蹲在树上时，它们会采取相反的姿势，看起来就像一个树杈。如果它们的伪装被识破了，而且捕食者步步紧逼，它们就会喷射黏稠的粪便来驱赶捕食者。粪便的恶臭会持续很长时间，久久不能消散。这给依赖嗅觉觅食的动物（如蛇和巨蜥）造成了不小的麻烦。

　　茶色蟆口鸱成鸟的伪装本领很大，但毛茸茸的雏鸟需要离巢时就会遇到问题。在巢中时，雏鸟蓬松的羽毛和像父母一样出色的保持安静的能力使它们免受不必要的注意。但是，当需要伸展和拍打翅膀学习飞行时，它们就成了显眼的目标。雏鸟必须不断飞行，而且飞得越快越好，以便逃到猫无法轻易到达的高枝或高楼上。

　　1788年，作为宠物的猫随着欧洲殖民者来到澳大利亚。随着家猫逃逸或被弃养，再加上澳大利亚缺乏它们的天敌，流浪猫在那里迅速扩散开来，以至于今天它们的活动面积占据了澳大利亚国土总面积的99.9%。根据政府的报告，它们是导致澳大利亚哺乳动物灭绝的罪魁祸首。据估计，在澳大利亚已有34种陆地哺乳动物因为猫而灭绝，另有74种濒临灭绝。另一组统计数据同样令人震惊：在一年内，平均一只流浪猫就会杀死390只哺乳动物、225只爬行动物和130只鸟。总的来看，整个流浪猫种群每年将造成约20亿只本土动物死亡。澳大利亚正面临十分棘手的流浪猫问题！

▲ 大多数美洲黑熊对人类有所戒备，但是那些被人类食物诱惑的美洲黑熊很快就会将人类活动与食物联系起来。它们会记住以前找到食物的地点，并一次又一次返回那些地方觅食。

胆大的黑熊

在北美洲的一些人口密集地区，例如位于加利福尼亚州和内华达州交界处的南莱克塔霍，来访的野生动物体形比茶色蟆口鸱要大得多，而人类与野生动物之间的界限也变得越来越模糊。在这里，美洲黑熊可能会闯入城镇。它们是杂食动物，几乎不会拒绝任何可食用的东西。凭借超级敏锐的嗅觉，它们从数千米外就能闻到食物的诱人香气。它们聪明，对周遭事物充满好奇，拥有出色的长期记忆能力，因此能记住哪里可能有美食。美洲黑熊的主要觅食场所是垃圾箱，垃圾箱对它们来说就像百宝箱，装满了能量丰富且容易获取的食物，而这正是美洲黑熊在冬眠前所需要的。野外的美洲黑熊会在秋天囤积大量浆果，以便度过寒冷的冬天。这里的美洲黑熊则更多地依赖城镇所提供的食物。秋天，它们来到城镇中进行冬眠前的增肥。冬天，有些美洲黑熊会冬眠，但每周垃圾车将收集的垃圾倾倒在垃圾场中时，它们就会醒来。

美洲黑熊很快就会将人类与食物联系起来，每获得一次食物奖励，它们就变得更加麻烦一些。它们可能会造成不小的破坏，闯入垃圾箱，甚至汽车和房屋。烧烤架也总能吸引它们，它们喜欢宠物食品、鸟食、养在院子里的鸡，甚至连香薰蜡烛和个人护理用品（如润唇膏、防晒霜、肥皂和牙膏等）也不放过。有些美洲黑熊还会闯入商店，从货架上直接偷取食物。不过，垃圾仍然是它们的主要食物来源。据估计，美国消费者每年丢弃的食物超过4000万吨，占美国食物供应的约35%，因此美洲黑熊有足够的"快餐"可以大快朵颐。在城市中觅食的美洲黑熊因此长得异常肥胖，体重大约是它们的野外同类的1.7倍。在太浩湖周围的街道上，遇到美洲黑熊的概率相对较高，特别是在夜间。好在它们对食物而非人类更感兴趣，因此攻击事件很少发生。

▼ 食用人类加工食品的美洲黑熊的体重几乎是在野外生活的同类的1.7倍。在野外，一只成年雄性美洲黑熊的体重约为160千克，而生活在太浩湖周边的美洲黑熊的体重可能超过275千克。

受欢迎的蛇

野生动物从农村进入城市的现象在全球普遍存在。在印度西孟加拉的村庄中，毒蛇是最为常见的访客之一，如孟加拉眼镜蛇（*Naja kaouthia*）。孟加拉眼镜蛇也称为单眼镜蛇，我们可以通过其颈褶上明显的 O 形花纹进行识别。和美洲黑熊一样，吸引孟加拉眼镜蛇来此的也是人类的垃圾，但不是垃圾本身，它们更感兴趣的是那些以垃圾为食的老鼠，以及可能出现在附近的青蛙和蟾蜍。孟加拉眼镜蛇非常大胆，它们猎捕老鼠时不仅会进入村庄，还会进入房屋。不同寻常的是，当地人并不害怕，反而很尊敬它们。

在西孟加拉的一个名为乔塔波希拉的村庄里，人们不仅不会驱赶孟加拉眼镜蛇，还非常欢迎它们。村庄中的 930 位村民都不会限制孟加拉眼镜蛇的自由活动，更不会以任何方式伤害它们。人和蛇在这里相安无事。然而孟加拉眼镜蛇确实是一种能够分泌烈性毒液的动物，这种毒液可以干扰人体的神经传导，导致受害者瘫痪，严重时甚至因呼吸衰竭而死亡。它们在印度次大陆和南亚的其他地方确实咬伤过许多人。在乔塔波希拉，尽管孟加拉眼镜蛇的密度很高，却很少有人因此受伤。它们在此地村民面前似乎更为平静，移动得也很缓慢，不太可能突然发起攻击。

在印度次大陆的其他地方，寺庙中的僧人将各种动物奉若神明。例如，比卡内尔的僧人供奉老鼠，金讷伯德纳的僧人供奉狗，而斯灵盖里的通加河沿岸的僧人则供奉鱼。无论如何，乔塔波希拉的村民与孟加拉眼镜蛇的"共生"都无疑是世界上最不寻常的人类与动物的关系。

庄稼突袭者

当地农民正在与偷食农作物的非洲象对峙。为了赶走这些偷盗者，农民尝试了各种办法，从用带刺植物制成篱笆到点火和制造噪声等，但这些努力似乎都无济于事。在坦桑尼亚的某些地区，人们使用浸泡过辣椒油的剑麻（*Agave sisalana*）绳索制作围栏，而这种方法奏效了。

野生大象并不是一种受欢迎的动物，尤其是在非洲的某些地区。世界上只剩下 19% 的土地保持着真正的荒野状态，人类与野生动物的冲突在所难免。大象不仅体形庞大，而且食量惊人。它们需要广阔的活动空间和大量食物来维持生存。随着气候变化，近年来东非的干旱异常频繁。2022 年底发生的干旱是有记录以来持续时间最长、旱情最严重的一次。在这种情况下，对于饥肠辘辘的非洲象来说，一片营养丰富的番茄或其他多汁的果实无疑是很难抗拒的。

雄性非洲象是现存最大的陆地动物，当繁殖季节临近时，它们需要尽可能多地摄取食物来增加体重。体形最大的雄象往往能在激烈的争斗中获胜，从而获得象群中接近雌象的唯一机会和交配权。因此，要想阻止这样一个具有强烈动机的庞然大物偷食庄稼是十分困难的。精心搭建的围栏通常可以阻止它们，但并不总是有效。它们已经学会了如何挑战人类的智慧，而且看起来占据了上风。

大生命基金会是一个自然保护公益组织，致力于保护安博塞利－察沃－乞力马扎罗生态系统中的野生动物及其栖息地。该组织也在尝试减少该地区的人象冲突，通过建造电围栏，以具有威慑力的电击阻止非洲象侵袭农田。电围栏将大象和人类社区硬生生地分割开来，但这确实有助于减少双方的伤亡。这种围栏还可以用来划定野生动物通道，使得非洲象有空间自由活动并实现种群交流，同时保护当地人类社区的珍贵资源。

但是建造电围栏这种办法实施起来也并非都有效果。例如，在肯尼亚的另一个地方，狡猾的非洲象发现了一种破解不同结构的电围栏的方法。少数非洲象竟然意识到它们的象牙是不导电的，所以它们学会了使敏感的象鼻远离电围栏，然后用象牙挑起并扯断电线，推倒围栏[1]。幸运的是，大生命基金会的电围栏没有这种设计缺陷，仍然对非洲象有效。

对该基金会来说，这是一场艰难的斗争，因为每年维护电围栏的成本接近22万美元。但这项工作至关重要，因为除了盗猎危机，人象冲突也正在严重威胁大象的生存。现实情况是，大象和其他大型动物需要生存空间。如果我们还希望与这些极具魅力的大型动物共享地球，就必须给它们留出足够的空间。

▲ 在肯尼亚，专门设计的电围栏成功地阻止了非洲象接近庄稼。然而，少数顽固的大象还是找到了突破口。

---

[1] 类似的现象也出现在分布于我国西双版纳、普洱和临沧等地区的亚洲象群体中。为了缓解人象冲突，人们也曾经安装电围栏。电围栏上有太阳能电池板和可以储存电力的装置，电线能发出电脉冲，大象触碰后会有针刺的感觉，但不会受到太大的伤害。但问题是，聪明的亚洲象很快就发现用来固定电围栏的木杆和部分水泥杆不带电，于是就用鼻子摇晃这些不带电的杆子。杆子被晃倒后，电线短路，于是电围栏几乎都被毁坏了。——译者注

传奇的鲸

非洲象的命运起起伏伏，其保护工作进展缓慢，不过近年来国际上对商业捕鲸的禁令讲述了最让人欣慰的单一物种保护故事。人类最初通过捕杀鲸类获取鲸肉和鲸脂，导致许多大型鲸类濒临灭绝。在紧要关头，人类终于醒悟了。从捕杀鲸到拯救鲸的转变不仅拯救了鲸，而且与鲸相关的整个生态系统得到了恢复。

在温哥华岛沿岸海域，座头鲸（*Megaptera novaeangliae*）曾经被猎杀到几乎绝迹，只有少数座头鲸从屠杀中侥幸逃脱并存活了下来。捕鲸禁令实施后，它们开始回归这片海域，如今大约有100头座头鲸在每年夏天定期到访温哥华岛沿岸海域。座头鲸到此觅食，鲱鱼（*Clupeidae* spp.）是它们的主要食物，但人类的过度捕捞再次将生物之间的平衡打破。在鲱鱼密度较低的海域，座头鲸演化出了一种全新的捕食策略，科学家将其称为"陷阱捕食法"。

▼ 一头座头鲸大张着的嘴巴露出海面，它能一次性吞下大量食物。科学家在研究其近亲蓝鲸（*Balaenoptera musculus*）时发现，蓝鲸一口吞下的食物所含的热量接近200万焦耳，远远超过它捕食时所消耗的能量。

第一头被观察到采用这种策略的座头鲸叫作康格。通常，座头鲸会猛冲进鲱鱼群直接过滤海水捕食，或者用自己吐出的气泡把鲱鱼群包围起来，再从下方冲出，一口吞掉鲱鱼群。当鲱鱼稀少且鸟类正在潜水捕食时，康格设下了一个陷阱。它把嘴巴张开一半露出海面，给鲱鱼这里有一个安全的避难所的错觉。显然，鲱鱼信以为真了。康格合上嘴，然后咕噜一声吞下，鲱鱼群就消失了[1]。当活动区域内没有足够的鲱鱼时，采用陷阱捕食法是一种高效节能的策略。康格的这种捕食策略很快便传开了。几周之后，另一头座头鲸月星也被看到采用了陷阱捕食法，现在学会这种方法的座头鲸已超过 25 头。然而，康格的这一举动还不是唯一吸引研究人员注意的地方。

———————

[1] 在采用陷阱捕食法时，除了张大嘴巴外，座头鲸还会趁着鱼群混乱，用胸鳍把鱼群推进嘴里，提高捕食的成功率。——译者注

你可能认为座头鲸的回归将进一步减少这一海域的鲱鱼数量，但这种想当然的推测可能是错误的。科学家认为，事实恰恰相反。处于食物链底层的浮游植物需要大量铁元素才能茁壮生长，而座头鲸的粪便刚好富含铁元素。因为在深海排便非常困难，所以座头鲸往往在海面上排便，而这里正是浮游植物生长的地方。这意味着座头鲸的回归将引起浮游植物的大暴发。在食物链中，这些浮游植物是浮游动物的食物，而浮游动物又被鲱鱼食用。所以，座头鲸实际上能间接帮助鲱鱼种群繁衍。

在其他海域开展的研究表明，鲸间接"喂养"的猎物的数量确实在增加。例如，在南极附近的海域进行的一项研究显示，随着鲸的回归，磷虾的数量也增加了。科学家由此预测温哥华岛附近的海域可能也会出现类似的情况，即座头鲸的回归会导致鲱鱼种群扩大。他们意识到，保护鲸将有利于整个生态系统的恢复，甚至有朝一日恢复到以前的健康状态。鲸的回归还描绘出了一个更宏伟的愿景。

大型鲸的回归正在影响地球气候。就像森林、草原和海草床一样，浮游植物也能大规模地从大气中吸收二氧化碳。保护一头鲸就相当于种植了 3 万棵树。只要我们继续保护康格和它的同类，使它们在各大洋中繁衍生息，并确保鲸类的数量恢复到商业捕鲸前的水平，那将相当于在地球上种植了数十亿棵树。

综合来看，无论生活在哪里，座头鲸都是一个非常重要的物种。美国生态学

▼ 座头鲸重返不列颠哥伦比亚海域的场景可谓壮观至极。在从卡曼诺海湾到道格拉斯海峡的这一段海岸，科学家在 2004 年仅统计到 42 头座头鲸，而到了 2019 年底，这一数字已经攀升到了 426 头。

家罗伯特·佩恩认为座头鲸是一个关键种。关键种在维持生态系统方面扮演着决定性的角色，如果关键种灭绝了，生态系统中的其他生物就会像多米诺骨牌那样接二连三地倒下。而如果关键种得到恢复，整个生态系统就将被重建并再次繁荣起来。

当前一种情况发生，也就是一些鲸类的数量急剧减少时，以这些鲸类为食的虎鲸将不得不转而捕食海狮，最终导致海狮数量显著减少。这时虎鲸再次被迫改变策略，转而捕食海獭（*Enhydra lutris*），而海獭原本会捕食海胆，维持巨藻森林中的海胆数量。一旦海獭被虎鲸大量捕食，不受控制的海胆就会疯狂繁殖，并且吃掉巨藻，那么依赖巨藻生存的所有海洋生物都将受到影响。假如虎鲸的传统猎物（也就是一些鲸类）回归，生态系统就能自我修复，最终回到某种平衡状态。

透过现象看本质，我们至少可以确定商业捕鲸禁令的有效实施可以让伤痕累累的地球重新焕发生机。这对于野生生物和人类都是有益的，毕竟温哥华岛的渔民也不希望鲱鱼真的消失。

▲ 不列颠哥伦比亚海域的大多数座头鲸是"季节性居民"，也就是说它们整个夏季都会在这里觅食，但在冬季会迁徙到夏威夷或下加利福尼亚半岛进行繁殖。

这头座头鲸正在展示最引人注目的一种行为——跃身击浪。它先离开海面，再回到海中，溅起巨大的浪花。座头鲸跃身击浪的原因还有待证实，人们认为它们可能在通过这种方式与其他座头鲸进行交流。溅起的浪花越大，声音越响，声音传播的距离也就越远。

过境的蝗虫

毫无疑问，气候变化是全球范围内争论的焦点，除非过去10年你一直与世隔绝，否则真的很难忽视这个问题。气候变化并不是什么好事情，但有些生物似乎不仅没受到负面影响，还因此获益了，至少到目前为止仍在春风得意。气候变化的一个表现为以往很少发生干旱的地方现在正在发生干旱，而通常经历干旱的地方突然被洪水淹没。从2018年到2019年，由于阿拉伯海上形成的气旋，中东地区出现了反常的暴雨。这场暴雨引发了一系列连锁反应，甚至影响了数百千米以外的人们。大量降雨为生活在阿拉伯沙漠中的沙漠蝗（ *Schistocerca gregaria* ）带来了充足的食物，于是它们迅速繁殖并扩散到其他地区。当沙漠蝗抵达肯尼亚时，它们已经从邻国持续的降雨中吃饱喝足，雌性沙漠蝗很快就开始产卵，两周后第一批若虫就出现了。

孵化出来的若虫还无法飞行，但它们可以跳跃，因此被形象地称为"跳虫"。大量孵化后，它们可能达到惊人的数百万只。它们不断跳跃、攀爬，就像入侵的军队一样，疯狂吞噬沿途遇到的每一片绿叶，也吞噬了贫困的肯尼亚人赖以为生的庄稼以及商业种植的成片植物，可以说"无物不受其侵害"。这些若虫每天可以移动5千米以上的距离，并且可以通过两种方式生长。种群密度较低时，它们会相对缓慢地发育为成虫。但是当密度达到一定水平（通常密集到摩肩接踵的程度）时，它们就会进行快速而显著的蜕变。在接下来的几周内，若虫会变成艳黄色，长出翅膀，成为成虫。在沙漠蝗的整个生命周期中，成熟阶段的蝗虫对农民造成的威胁是最严重的。

成群的沙漠蝗漫天飞舞、遮天蔽日，而且它们的成虫比若虫更加贪婪，每只成虫每天会消耗掉和其体重相当的食物。问题在于它们能够飞行，因此受灾的区域非常广阔。尽管沙漠蝗自由飞行时的速度纪录曾超过33.8千米/时，它们成为了飞行速度最快的昆虫之一，但是蝗群通常以和风速差不多的速度随风飞行。此外，它们的飞行高度在2000米以下，这一高度以上的温度对它们来说太低了，因此它们无法飞越高山。然而，这并不能阻止它们大面积扩散。沙漠蝗通常每天最多飞行200千米，它们经常从非洲飞往阿拉伯半岛，有时飞到印度西北部，甚至有一群沙漠蝗飞越了大西洋，最终抵达加勒比海。这些蝗虫群的规模之大着实令人恐惧。

2020年，联合国粮食及农业组织报告称，蝗灾在非洲之角暴发，而且是25年来最严重的一次蝗灾。这次蝗灾重创了埃塞俄比亚和索马里的农业，并蔓延至肯尼亚、乌干达、也门和南苏丹等。这也是肯尼亚70年来最严重的蝗灾，当时记录到的蝗虫群长达60千米，宽达40千米。蝗灾对整个非洲之角多达1300万人的粮食安全构成了威胁。沙漠蝗毫无疑问是对农作物最具毁灭性的迁徙动物，而极端天气更是加剧了它们的破坏力。

---

[1] 这表明在将沙漠蝗转化成肥料的过程中，人们对沙漠蝗所使用的杀虫剂会被中和或分解掉，因此"蝗虫肥"中不含杀虫剂。杀虫剂对环境和人类健康来说都具有潜在的危险。——译者注

　　从某种程度上说，在当前气候变化的大背景下，沙漠蝗似乎成为了赢家。但现实是，当自然失衡时，从长远来看，没有谁是真正的赢家。这也适用于试图控制蝗灾的解决方案之一——大规模使用杀虫剂。似乎没有人知道这将对人类健康和生物多样性造成何种影响，毕竟杀虫剂也会杀死肯尼亚农民种植农作物所需要的有益的传粉昆虫。

▶ 一个农民尝试通过阻止沙漠蝗
　降落进食来对付它们。这注定
　是一场艰难的斗争，他所做的
　其实只会将蝗虫驱赶到别人的
　农田里。

流离失所

目前，除了气候变化，另一个主要环境灾难便是栖息地遭到破坏，而且我们现在拥有能够轻而易举实现这一"目标"的机器。例如，在露天矿场，一台高达93米、长度超过200米的斗轮挖掘机（被吉尼斯世界纪录评为地球上最大的陆地机器）在一天内就能移除240000立方米的土壤。这意味着如今人类移动的沉积物比世界上所有河流的泥沙总量还要多。在全世界的森林中，以伐木机为主的高效伐木设备每分钟就能砍倒28000棵树。这相当于你读完这几句话时，超过4公顷的森林已经被摧毁了。这不免让人唏嘘，历经无数风雨、屹立千百年的高大树木

在顷刻间轰然倒地。联合国环境规划署估计，自上一次冰期结束后，现代人类文明开始以来，全球的树木数量减少了约46%，现代人类对地球自然面貌的影响非常深远。在很久以前，人们就发现通过种植植物和饲养动物，而不是传统的采集和狩猎，可以获得更多食物。据统计，从那时起，我们已将地球表面约38%的土地改造成了农业用地，这些农业用地中的23%被用作农田，77%被用作牧场，而清理这些土地时最简单粗暴的方式就是放火焚烧。

▼ 在亚马孙的某些地区，仅由6名当地消防员组成的队伍就要负责扑灭84000多平方千米森林中发生的火灾，这一面积大致相当于英国威尔士面积的4倍。

"温水煮青蛙"

▶ 据估计，亚马孙雨林中17%～
18%的原生林已遭到破坏。
这里的森林砍伐会对全球气候
产生显著影响，因为这些树和
其他植被共同构成了地球上最
大的陆地碳库。而火灾不仅会
烧毁发挥固碳作用的树，还会
将大量的二氧化碳释放到大气
中。二趾树懒是这里为数不多
的失去了家园而存活下来的幸
运儿之一。

如今，亚马孙雨林的火灾已成为世人关注的焦点。尽管有无数的保护措施，但是这个地球上最大、生物多样性最高的陆地生态系统仍受到了持续破坏。一只雌性二趾树懒（*Choloepus didactylus*）和它的宝宝就生活在那里，距离最近的人类社区有好几千米。如果砍伐区附近着火了，火势就会变得异常迅猛，很快将灌木丛和其他小树吞噬。而当火焰蔓延到周围的原生林时，火焰会下降到膝盖的高度，看起来就像要熄灭了一样……但事实并非如此，火焰会以每天约300米的速度缓慢地穿过森林，烧毁沿途的树木。

这只二趾树懒可能从未见过森林火灾，它也足够幸运，从熊熊大火中幸存了下来，但它终究需要离开高空中的避难所，穿过被烧得滚烫的土地，去寻找新的森林栖息地。快速的环境变化让它无所适从，更别提这种变化似乎已经达到了可怕的临界点。

有人提出，一旦亚马孙雨林中20%～25%的原生林遭到破坏，这片雨林将不可避免地走向自我毁灭，届时"地球之肺"将不复存在，至少一半雨林将迅速变成干燥的灌木丛，生物多样性也将大大降低。目前，科学家认为那里的森林破坏率已达到17%～18%，这一数字越来越接近令人担忧的临界点。假如突破了临界点，那么大量二氧化碳将在短时间内被释放到大气中。据估计，亚马孙雨林的碳储量与过去40年间美国的人为碳排放总量相当。还有证据表明，除了加快全球变暖外，亚马孙雨林的丧失将会带来一些潜在的危险。

与非洲南部稀树草原的遭遇类似，亚马孙雨林中被清理出来的土地大都用于发展畜牧业和种植大豆。这些大豆几乎都成为了动物饲料，被运往世界各地。例如，英国圈养的猪大多以巴西的大豆为食。我们对肉类的需求量非常大，以至于我们饲养的牲畜（主要是牛和猪）占到地球上所有哺乳动物生物量的62%，而家禽占所有鸟类的70%。人类赖以为生的家养动物正在取代野生动物的主导地位，地球的自然环境也因此发生了翻天覆地的变化。

此外，我们或将因此面临更加严峻的威胁。2021年发布的报告《粮食系统对生物多样性丧失的影响》中强调了这些威胁。该报告对"粮食生产如何破坏自然栖息地或使之退化并导致物种灭绝"这一问题进行了深入探讨。著名保护生物学家珍·古道尔（又译作简·古多尔）出席了报告发布会并发表演讲。她提请人们关注集约化农业，并动之以情、晓之以理。她指出这种农业生产方式的不合理之处，而这已成为我们破坏自然环境的主要方式。最后，她指出了一种更为隐秘的危险，以此来警醒人们。她说，许多动物农场的饲养空间非常拥挤，导致新的疾病层出不穷，这很可能引起疫病大流行，并从动物传播给人类……而回顾历史，我们应该早已知晓此类故事的结局如何。

未来吃什么

▼▶ 垂直农业技术（如水培法）可以减少98%的水和99%的土地使用量，但其农作物产量是传统农场的近240倍，而且可以全年不间断地进行生产。那些种植在巨型温室中的农作物也只需要太阳能，而不是使用化石燃料或核燃料产生的电能，因此无论天气如何，它们都可以进行种植和收获。

在食品生产方面，科学家正在打破陈规，提出各种新概念和新方法，其中许多与自然环境保护息息相关。科学家发现，如果全人类改变饮食习惯，转向植物性饮食，就有可能将与食品生产相关的土地使用量减少76%。此外，在相同面积的土地上进行种植，以垂直农场替代传统农场，农作物的产量将提高近240倍。在实验室中培育肉类、制造蛋白质和碳水化合物等先进理念都可能在不久的将来被一一实现。这些人类食品生产方式的转变可以释放大量空间，将其归还给大自然，从而修复被现代社会生产所侵占而又伤痕累累的自然栖息地。同时，空气中的二氧化碳将会被大量封存，这可能减缓全球变暖的速度。因此，假如我们都以植物为食，食品生产方式也如上述那般转变，那么野生动植物和自然界或许真的还有希望。这对人类和地球来说是双赢局面。

第8章

家园卫士

　　创作"地球脉动三部曲"的冒险故事始于 2002 年，当时位于英国布里斯托尔的 BBC 自然历史部受命制作该公司的首部高清自然系列纪录片。从那时起，历任制作团队持续以录像、摄影和写作的方式记录了地球上许多主要栖息地的数百种动植物，向人们展示了自然世界的各种秘密和地球上最伟大的自然奇观。

　　在此期间，我们也见证了地球所承受的前所未有的种种压力，宝贵的原生栖息地和野生动物正在迅速消失。例如，北冰洋的冰盖每 10 年就缩小 13%，森林正在以超乎寻常的速度消失。根据联合国环境规划署的数据，如今每年消失的森林面积相当于葡萄牙的国土面积（约 92000 平方千米）。BBC 摄制组近年来拍摄的一些物种现在已濒临灭绝或已在野外灭绝，如泽氏斑蟾（*Atelopus zeteki*）、非洲森林象和印河豚等。

　　不过，也不尽是悲观的消息，许多人正挺身而出，帮助并拯救与我们共享同一个地球的动植物。尽管这些人面临巨大的挑战，但他们的勇气和智慧令人钦佩。如果问地球何时需要英雄，那就是现在。接下来，我们将介绍其中几位英雄的传奇故事。

◀ 自 2002 年以来，格陵兰岛和南极洲的冰盖一直在融化。美国国家航空航天局认为，冰雪融化是由于"地球表面和海洋的持续变暖"。这是一个非常严峻的问题，因为地球上大约三分之二的淡水都被封存在这些冰盖中，从 1993 年到 2021 年，全球海平面上升了约 10 厘米，而其中的三分之一是由这些冰盖融水导致的。

飞翔的犀牛

一架直升机从山后缓缓升起，搭载的机组人员正在追踪地球上最濒危的动物之一——黑犀牛（*Diceros bicornis*）。一名机组人员将手伸出敞开的直升机外，举起步枪搜寻"猎物"。一头雌性黑犀牛出现在他的视线中，他扣动扳机，击中了目标。

不过，他们并非在伤害黑犀牛，而是在救它。射中黑犀牛的也不是致命的子弹，而是麻醉剂。现在，他们面临的挑战是尽快将这头被麻醉的黑犀牛转移到新地点。监督这次行动的是艾泽菲罗夸祖鲁－纳塔尔野生动物保护协会[1]的野生动物捕捉实地行动负责人杜米萨尼·兹瓦内，他已发誓要为这些黑犀牛的生存而战，至死方休。这个看似粗鲁而有效的行动是南非黑犀牛栖息地扩张项目的一部分。

动物的迁地保护是指将各种野生动物从受到盗猎或栖息地破坏等威胁的地方运送到世界各地，通常是国家公园和私人野生动物保护区等地方。在这些经过精挑细选的新环境中，野生动物或许可以过上正常的野外生活。更重要的是，它们可以安全而顺利地繁衍生息。南非黑犀牛栖息地扩张项目的任务就是尽快增加黑犀牛的数量，目前人们采取的策略是将它们迁移，建立新的种群，恢复旧种群的活力，并扩大可用于保护它们的土地面积。

由于一些自然公园的地形崎岖，人们必须先用直升机将黑犀牛空运到最近的卡车装载点，而黑犀牛的体形庞大，所以这绝非易事。黑犀牛以其更尖的上唇而被熟知，是两种非洲犀牛中体形较小的一种。即便如此，它的体重也接近1吨。这头被抓到的黑犀牛仍处于麻醉状态，头朝下，四条腿被倒吊着穿越山林。这个场景未免有些奇特。随后，它会被卡车运到几小时车程外的新家。到目前为止，南非黑犀牛栖息地扩张项目与土地所有者、地方社区、州保护机构等合作，已经成功转移了约230头黑犀牛，并帮助其建立了13个新种群。另外，还有246头黑犀牛幼崽出生，虽然并非所有幼崽最终都能活下来。

世界自然保护联盟将黑犀牛列为极度濒危物种，直接推动了重新安置黑犀牛的保护项目。20世纪60年代，整个非洲大约有10万头黑犀牛，但到了20世纪90年代，其数量骤减至不足2300头。黑犀牛的数量在短短30年内就减少了约98%，盗猎是主要的原因。犀牛角在市场上非常受欢迎，主要被研磨成粉，用于制作传统药物。而"倒霉"的黑犀牛有两只角，因此成为了盗猎者的首要目标，时至今日，仍是如此。

如今，约80%的非洲黑犀牛生活在南非，盗猎行为仍然非常猖獗，但是野生动物保护者没有放弃，正在努力扭转黑犀牛走向灭绝这一趋势。2021年，共有451头黑犀牛因盗猎死亡。即便如此，反盗猎措施还是取得了一定成效，毕竟这一数字相对于盗猎更猖獗的2019年的594头已经有所减少。

---

[1] 艾泽菲罗夸祖鲁－纳塔尔野生动物保护协会是一个政府组织，负责维护南非夸祖鲁－纳塔尔省的野生动物保护区和生物多样性。——译者注

诺亚方舟

尽管偶尔有一些好消息（如非洲黑犀牛数量增加）传来，但大部分科学家和保护生物学家认为，全球物种越来越接近灭绝的危险境地，第六次生物大灭绝可能已经开始了。不过这次灭绝事件不同以往，不是由陨石撞击地球或大规模火山爆发引起的，人类才是罪魁祸首。情况非常糟糕，英语中甚至出现了一个新词"endlings"，指的是某一物种中生存于世上的最后一只，即"最后的个体"。也就是说，如果这一只离开了，该物种就灭绝了。在南美洲，一位英雄正为拯救"最后的个体"而战。

在距离亚马孙雨林约 3 小时车程的基多，有一艘非常先进且高度安全的"诺亚方舟"，它的里面藏着一些世界上最为珍稀的生物，即世界上最濒危的脊椎动物类群——蛙和蟾蜍等无尾两栖类，它们中的大多数已濒临灭绝。人们之所以把它们藏在这里是因为它们不能回家，至少现在不能。它们的原产地非常容易受到气候变化、栖息地破坏和物种［如无处不在的虹鳟鱼（*Oncorhynchus mykiss*）］入侵等因素的影响[1]，更糟糕的是野生无尾两栖动物种群中充满了致命的传染性壶菌。

壶菌病会扰乱大部分两栖动物皮肤的渗透调节功能，使其无法吸水，无法吸收盐分，更无法通过皮肤进行呼吸，从而导致感染者体液失衡，最终引起心脏衰竭而亡。全世界有数百万只无尾两栖动物死于这种壶菌感染，其中斑蟾属（*Atelopus*）受到的打击尤其严重。全世界已知的斑蟾属物种共有 96 个，其中 80 个已因蛙壶菌而濒临灭绝、极度濒危或已经灭绝。截至 2018 年，37 种斑蟾似乎从它们的栖息地彻底消失了。尽管人们拼尽全力去寻找，但很多物种自 2000 年以后就再也没有出现过了。

"山重水复疑无路，柳暗花明又一村。"有人踏上征程，在地球上的偏僻角落重新发现了这些失落的物种，也为它们的生存带来了一丝曙光。来自西班牙的生物学家海梅·库莱夫拉斯（Jaime Culebras）就是这方面的先驱之一。他的姓名中的"culebra"在西班牙语中是"蛇"的意思，难怪他一生热爱爬行动物和两栖动物，并肩负起帮助这些弱势动物的使命。

海梅是一名自由职业的野外生物学家和屡获殊荣的野生动物摄影师，他经常与厄瓜多尔的詹巴图两栖动物研究和保护中心合作。厄瓜多尔是世界上生物多样性最丰富的国家之一，仅两栖动物就超过了 530 种，而且其中约 40% 仅分布在厄瓜多尔及其周边地区，许多物种很稀有。该中心的两栖和爬行类动物学家坚持不懈地寻找每个极度濒危物种的"最后的个体"。他们将一些珍稀物种从野外带回实验室，并为其提供合适的生存和繁殖条件，为保护它们做最后一搏。

海梅一生致力于前往地球上那些人迹最为罕至的地方，寻找最珍稀的蛙类。他最近的任务之一是寻找一种极度濒危的厄瓜多尔特有的斑蟾——莫罗纳 - 圣地亚哥多疣斑蟾（*Atelopus halihelos*），这种斑蟾生活在热带和亚热带的山地云雾林与溪流中。其中两只于 2016 年被发现并带到保护中心，不久以后它们交配了，但卵没能成功受精，而且雌性斑蟾产下卵后便死了。因此，在很长的一段时间内，

[1] 虹鳟鱼是著名的入侵物种，具有掠食习性和几乎在任何条件下生活的能力。在一些入侵地，虹鳟鱼大量猎杀本土物种，导致一些本土物种濒临灭绝。——译者注

▲ 一对正在抱对的斑蟾，它们能否成功繁殖决定了整个家族未来的兴衰。

该中心只剩下那只雄性斑蟾，它也许是世界上最孤独的斑蟾了，所以人们将其称为"悲伤的圣地亚哥"[1]。当其他斑蟾为了扩大种群而忙着繁殖时，"悲伤的圣地亚哥"独自守望了4年之久。岁月匆匆流逝，它已经老了，留给它的时间不多了。

[1] "圣地亚哥"源于西班牙语，原指西班牙守护神圣詹姆斯。此处将这只莫罗纳－圣地亚哥多疣斑蟾称为"悲伤的圣地亚哥"可能有两层含义，除了其学名中本来就有"圣地亚哥"，也可能源于海明威所写的《老人与海》中的同名主人公圣地亚哥——一个年迈、孤单而又充满勇气，为了内心追求而坚持奋斗的渔夫。——译者注

它需要尽快邂逅一只雌性斑蟾。虽然人们陆续发现了几只它的同类，但可惜的是它们都是雄性。为了实施可行的繁殖计划，海梅必须找到雌性。如果再不能进行正常的种群繁殖，该物种很可能在不久的将来走向灭绝。

然而，在偌大的云雾林中寻找它们又谈何容易。它们分散在森林中，体形较小，几乎与周围环境融为一体。由于没有人详细研究过该物种，我们甚至不知道它们确切的繁殖季节，因此海梅和同伴只能凭借经验进行猜测。根据已知的近缘物种的生命周期，他们选择在2月底进行一次小型探险。虽然探险充满未知，但他们仍满怀信心，骑着驴子坚定地前往安第斯山脉。他们的目的地是地球上在雨季最潮湿的地方之一，持续的降雨、洪水和泥浆使得这次露营之旅困难重重。此外，遭到砍伐的森林的海拔一年比一年高。大量树木的消失，加上这一地区频繁的大雨，很容易引起严重的山体滑坡，这也是他们必须应对的挑战。牧民们穷困潦倒，驱赶着瘦弱的奶牛占据了原来的低地森林山坡，这对莫罗纳–圣地亚哥多疣斑蟾来说又是一个威胁。起初，海梅一行人什么也看不到，什么也听不到。

"这是一片静悄悄的森林。"海梅说道，"这真是糟糕极了。在壶菌大范围侵袭蛙群之前，人们来到这里，可以听到很多很多蛙叫，甚至有些聒噪。有时，我希望自己出生在壶菌病出现之前。"

搜寻工作仍在继续。在擅长寻找小型蛙类、野外经验丰富的生物学家达尔文·佩纳雷塔的指导下，保护团队专心致志地寻找着。日复一日，队员们没有在困难面前退缩，也没有被一无所获的失落感所击败，而是继续在这种斑蟾曾经出现过的一条溪流以及植被繁茂的山谷中的灌木丛和树叶间仔细搜寻。终于，欢呼声打破了寂静。

"这里有一只斑蟾！"

"是一只雌性，"海梅惊呼道，"它的体形比雄性的大。我实在太高兴了，这说明这个物种还有救，至少它们在野外还没有完全灭绝。"

海梅的搭档弗朗西斯卡·安希奥拉尼是一名经验丰富的、主攻无尾两栖动物的生物学博士研究生，他看着手中的收集袋，非常激动，但又担心吓到这只斑蟾。于是，他轻声呼喊："这下有希望了！"

海梅他们发现的确实是一只非常健康的雌性斑蟾。随后，他们在同一条小溪边又发现了几只。它们都被小心翼翼地带回了詹巴图两栖动物研究和保护中心，和"悲伤的圣地亚哥"

待在一起，加入了在没有壶菌病侵袭的保护区建立一个繁殖种群的计划。

不幸的是，此时"悲伤的圣地亚哥"年事已高，还没来得及交配就去世了。第二年，海梅他们又回到了这条小溪边，找到了更多的这种斑蟾。在海梅等人的不懈努力下，莫罗纳－圣地亚哥多疣斑蟾暂时安全了，不太可能像它们在中美洲的表亲——泽氏斑蟾那样走向灭绝。2004 年，大卫·阿滕伯勒爵士在拍摄纪录片《冷血生命》（*Life in Cold Blood*）时邂逅了这种背部和腿部长有黑斑、皮肤呈亮黄色的美丽蟾蜍。他观察到，雄性泽氏斑蟾可能会通过特殊的"手语"而不是声音与喧闹的河流对面的雌性进行交流。然而到了 2009 年，壶菌病已经消灭了几乎所有的野生泽氏斑蟾。2019 年，世界自然保护联盟正式宣布泽氏斑蟾已在野外灭绝了。这是人类影像设备最后一次在野外记录到泽氏斑蟾，《冷血生命》定格了它们向地球家园挥手告别的景象。

北美洲的几家机构开展了泽氏斑蟾的圈养繁殖计划，因此我们并没有完全失去巴拿马的这一"国宝"。地球上已知的蛙和蟾蜍种类超过 7000 种，你可能会想：如果它们中的一些灭绝了，是不是也没什么？要想找到答案，我们不妨介绍一下亚马孙雨林中的幽灵箭毒蛙（*Epipedobates anthonyi*，也称为安东尼箭毒蛙）。科学家在幽灵箭毒蛙的皮肤上发现了一种比吗啡强 200 倍的化学物质，并以这种化学物质为基础来研究和制造强效的新型止痛药。而这并非个例，科学家从世界各地发现了很多对人类具有救命功效的动物。例如，巴西具窍蝮蛇（*Bothrops jararaca*）的毒液中含有一种能降低血压和心脏病发作风险的多肽。自研发成功以来，全球已有 4000多万人服用了基于从这种蛇的毒液中提取的多肽而设计的药物卡托普利。

然而，大自然绝不只是一座有利可图的药物宝库。它是我们赖以生存的家园，更是将我们和世间万物连接在一起的纽带。移除其中的一部分——即使是一个不起眼的物种或一小片栖息地，我们都不知道将会发生什么。正如厄瓜多尔的那位敬业的年轻的两栖和爬行类动物学家所说的，我们不应忘记，大自然为我们带来了喜悦。

▲ 海梅他们成功地发现了一只雌性莫罗纳－圣地亚哥多疣斑蟾，可以将其带回实验室与"悲伤的圣地亚哥"交配。相对于它们的赫赫声名，该物种的体形出奇地小。

◀ 大部分野外工作是在夜间进行的，虽然夜间人们的视野受限，但是那时莫罗纳－圣地亚哥多疣斑蟾更活跃，也就更容易被发现。

贸易中的卧底

▶ 非洲森林象普遍受到盗猎的威胁。在赞加－恩多基国家公园（图①）中，无数非洲森林象倒在了猎枪之下，"沾满鲜血"的象牙堆放在盗猎者和非法贸易商的秘密仓库中（图②和图④）。阮庄（图③）正在协助警方准备将罪犯绳之以法。

阮庄是一名年轻的越南女子，她冒着一切风险（包括牺牲自己的生命）去拯救她最喜欢的动物——大象。她前往科特迪瓦 [1] 的经济首都阿比让，协助警方抓捕一名参与象牙贸易的嫌疑人。该嫌疑人在一条曾经以制作象牙雕塑而闻名的街道上经营一家木雕店。2019 年，根据生态治理与执法活动家网络（Eco Activists for Governance and Law Enforcement，EAGLE）提供的证据，此人曾因从事象牙贸易而被警方突击搜查，5 年后他很可能重操旧业了。如果真是如此，他涉嫌参与的非法交易或许已经导致数千头非洲森林象丧生。非洲森林象的体形比其稀树草原近亲的小，主要栖息在非洲的热带森林中。2004 年播出的纪录片《地球脉动》曾在中非共和国的赞加白 [2] 拍摄非洲森林象的珍贵影像。从那时起，当地象群就因象牙而被大量杀害。

为了实现目标，阮庄不得不冒着生命危险以卧底身份进行秘密调查。她与 EAGLE 密切合作，假扮成一名东南亚买家，设下陷阱，建立虚假身份，并伪造了一家交易公司的网站，以乱人耳目。这只是计划的一小部分。

"我必须改变一下我的性格，"阮庄说，"因为我平时很健谈，喜欢微笑着和别人交谈。但作为卧底，我必须冷酷无情，必须表现得刻薄一些。因为当你以卧底身份参与非法交易时，你面对的是残忍而狡猾的罪犯，你得假装成别人，从容不迫地撒谎。如果稍有不慎，我的身份被揭穿了，那么我可能就会被杀掉。"

不过，她并不是孤身一人。隐藏的摄像头与麦克风记录和监视着一切，为她保驾护航。EAGLE 的行动小组也在密切关注着她，随时待命，一旦出现任何问题，就立即将她营救出来。

此时，EAGLE 在科特迪瓦的行动负责人是伦斯·伊尔根。"科特迪瓦的象牙贸易有一个特点，就是很多象牙都来自幼象。"他说，"为了保护幼象，很多人已经付出了生命的代价。"

伦斯指的是此前发生的一起以保护大象为名而发生的屠杀事件，共有 7 名护林员被杀害，其中还有一名法国公民。当时，武装分子将他们团团围住并残忍杀害。阮庄的任务就是潜入并调查这起非法的象牙贸易。

"5 年前，我们就逮捕了木雕店的嫌疑人。"伦斯透露道，"当时他有 400 千克象牙，正准备供应给越南的象牙贸易商。由于他曾被捕，所以这次他可能会非常谨慎。一旦他察觉到阮庄正在调查他，阮庄就危险了。"

---

[1] 科特迪瓦在被欧洲殖民时因作为象牙贸易的重要集散地曾经被称为象牙海岸。在征得联合国同意后，从 1986 年 1 月 1 日起，象牙海岸将国名改为了现在我们所熟知的科特迪瓦（Côte d'Ivoire）。其实，"Côte d'Ivoire"在法语中仍是"象牙海岸"的意思。——译者注
[2] 赞加白的意思是"大象聚集之地"，是指赞加－恩多基国家公园中森林间沿河流零星分布的空旷盐沼，富含各种营养物质，吸引了森林中的各种动物（包括非洲森林象）来此聚集，所以被称为"大象聚集之地"。——译者注

▲ 非洲森林象的体形比它们的稀树草原近亲的体形小，象牙也更小。它们会定期到访赞加白，取食那里富含矿物质的泥巴，并进行社交活动。正是这种有规律可循的大规模聚集使得它们很容易受到盗猎。

与经销商第一次接触时，阮庄被安排在一家咖啡馆与他们的老板见面。她穿着正式服装，就像一名真正的越南女商人。隐藏的摄像头和麦克风记录了他们会面期间的谈话。

"很高兴见到你，久仰大名，我听说过很多关于你的故事。"阮庄说，"我正在寻找在这里做生意的机会。"

由于语言不通，一名中间人为他们的交谈做翻译。"所以，你需要有人帮你做生意？"翻译问道，"他们想知道你到底需要什么？你需要他们做什么？"

"我听说你们有一些我想要的有趣的东西。是吗？"

"她说的是什么？"那个老板问道。

"象牙。"阮庄回答道。

那个老板当即否认有象牙出售，他声称自己只做木制品交易。有两种可能，要么他真的没有象牙，要么他不信任阮庄。行动进行得并不顺利，现在他们只能寄希望于阮庄的到来能吸引阿比让的其他象牙贩子。让人心痛的是，在等待的过程中，非洲各地不断有大象被猎杀的消息传来。

每当谈到卧底工作，阮庄都显得斗志昂扬，她是自愿加入的。"我在 23 岁的时接到了一个电话，医生告知我得了肠癌。我首先想到的是，我怎么可能会得癌症呢？一旦得了癌症，你就不知道自己到底还能活多久，所以我决定，要是有什么真正想做的事，我应该现在就开始做。我对自己说，好吧，现在我要去当卧底拯救大象了。因为不知道自己什么时候会死，我宁愿在活着的时候做一些有意义的事。"阮庄的癌症现在已经得到了有效控制，但她更加坚定，要为保护自己喜爱的动物而战斗。

阮庄来到阿比让的消息传开了。3 天后，阮庄等人得到了新的线索。一个象牙贩子主动向 EAGLE 伪造的网站发送了一段视频，展示了大约 15 根象牙。有的

比较大，来自成年的大象；有的则小一些，显然是幼象的。终于有人上钩了，是时候进行交易了，而且要快，越快越好，以免夜长梦多。EAGLE 的行动小组马上安排阮庄与象牙贩子见面。这次，他相信了阮庄确实是来买象牙的。

场景转移到远处的一个小镇，象牙贩子同意在当地的一家酒吧与阮庄见面。不过，他们对陌生人的戒心很重，阮庄好不容易才说服他们一起前往酒店房间，在那里称量象牙并进行交易。这次交易的象牙来自一整个非洲森林象家族，它们在不久前绝望地惨叫着，无一幸免，而一头小象的象牙售价不会超过 70 英镑。EAGLE 的行动小组和武装警察正在楼上的房间里等候。阮庄通过电话与他们实时联系，听取他们给出的行动建议，一步步诱敌深入。时机到了，阮庄立即发出信号，武装警察破门而入。但是，阮庄的任务还未完成，她必须以假身份继续进行表演。她必须表现得像个罪犯那样惊慌失措，这意味着她也会被逮捕。不过她会被迅速带到安全的地方，象牙贩子则被带到警察局。在随后的 12 个月里，EAGLE 的卧底们在西非和中非一共协助警方逮捕了 140 名野生动物贩子。对阮庄来说，这是她的最后一次卧底行动了。她在这儿的最后任务就是从阿比让彻底消失，永远不再回来。她仍会去非洲，但或许是以训练员的身份去训练更多卧底。

尽管阮庄参加的这种卧底诱捕行动大获成功，但非洲森林象的处境并没有多大改变。一直以来，因人们对象牙和野味趋之若鹜，大象持续受到盗猎的威胁。象牙贸易是世界第四大野生动物非法贸易，由专门的盗猎者和负责加工、销售等犯罪活动的残忍团伙共同作案。盗猎被认为导致非洲森林象的数量减少了至少三分之二。

由于砍伐森林以种植农作物，发展畜牧业，建设城市和工业中心等，非洲森林象还面临着栖息地丧失和破碎化的威胁。非洲的一些地区的战争也影响了它们的生存。2021 年，世界自然保护联盟将非洲森林象列为极度濒危物种，这表示科学家认为该物种在野外灭绝的风险已经很高了。

与鸟齐飞

当然，保护自然的故事并不都是以悲剧结尾，有时一片几近丧失的栖息地或一个濒临灭绝的物种也可以绝处逢生。自2014年以来，欧洲就传来了这类鼓舞人心的消息。

卡塔琳娜·胡克勒和海伦娜·魏纳是尽职尽责的母亲，不过她们悉心照料的并非小婴儿，而是28只刚孵化出来的隐鹮（*Geronticus eremita*）雏鸟。隐鹮是世界上最稀有的鸟类之一，也是世界上首批受到官方保护的物种之一，但它们在中欧已经局部灭绝了。早在1504年，萨尔茨堡的大主教莱昂哈德就颁布了禁止猎杀隐鹮的法令，但是无人遵循。此后多年，这种鸟儿仍频频出现在宴会的餐桌上。近年来，隐鹮的圈养繁殖计划被提出，人们希望利用动物园中幸存的少数隐鹮扩大繁殖，最终将它们放归到中欧的野外环境中。目前，西班牙南部和摩洛哥已有少量隐鹮的野生种群，该计划的重中之重是将隐鹮送回奥地利。

然而，该计划在实施过程中有一个小麻烦。通常，隐鹮会迁徙。在野外，它们会在阿尔卑斯山脉以北的繁殖地度过夏天，然后向南飞往意大利越冬。幼鸟需要跟随亲鸟迁徙，不断加强对迁徙路线的记忆。但是，人工饲养的隐鹮该如何学会迁徙呢？这就需要我们发散一下思维。奥地利鸟类学家约翰内斯·弗里茨认为，如果人类养父母给幼鸟留下印记的话，那么它们就会跟随人类到任何地方，甚至飞越阿尔卑斯山脉中白雪皑皑的高峰。

▶ 这些隐鹮雏鸟对卡塔琳娜和海伦娜产生了印记反应。这两位年轻的女士是它们从卵中孵出时所看到的第一种生物，它们从她们那里得到了所有的食物和照顾。这些照护者在它们的眼中已经俨然成为了它们的母亲。

▼ 每到秋天，野生隐鹮飞越群山向南迁徙至越冬地似乎是一件自然而然的事，但在人工环境下孵化的隐鹮必须由人类母亲教会它们如何迁徙。

▼ 为了让隐鹮在秋季迁徙时朝着正确的方向飞行，项目团队必须教会它们跟随乘坐超轻型飞机与它们一起飞行的人类母亲……而他们成功了！

卡塔琳娜和海伦娜一起亲手抚养这些雏鸟。整整 4 个月，它们与人类母亲形影不离。接下来就到了计划的关键环节，科学家的想法是，如果它们的人类母亲乘坐超轻型飞机越过阿尔卑斯山脉，这些被留下印记的隐鹮就会跟着飞过去……事实证明，他们成功了！

飞机上有两名飞行员，除了刚才提过的约翰内斯，另一名是他的同事、曾获得过"世界冠军飞行员"荣誉的瓦尔特·霍尔茨米勒。瓦尔特主要负责绘制气象图和规划航线。这个任务可不轻松，与隐鹮齐飞需要非凡的飞行技巧。人类母亲和幼鸟们面对山区常见的强风和恶劣天气时丝毫没有胆怯，他们一起飞行了 1000 多千米，从奥地利来到托斯卡纳大区的栖息地。该栖息地位于世界自然基金会的一片靠近海岸的保护区内，隐鹮可以在那里安然长大。海伦娜告别了朝夕相伴的幼鸟们，卡塔琳娜则留在它们身边，确保它们真正在此安顿下来。一旦成年了，这些隐鹮将沿着曾经追随人类母亲的飞行路线，再次穿越阿尔卑斯山脉进行迁徙，回到奥地利。但那时，它们只能靠自己。

"我们所做的并不只是在拯救隐鹮，"卡塔琳娜说，"我们希望这能给人们带来希望。如果真的有人能将一个物种从灭绝的悬崖边成功拯救回来，那么我们还有什么理由放任其他物种走向灭绝呢？"

消失的雨林

▶ 亚历山德拉正在埋头学习，了解对当地人和森林具有影响的法律程序（对页左上图）。她的参与最终促成了一场来自巴西各地的 170 个原住民群体的集会，他们聚集在巴西首都巴西利亚（对页下图）。这是巴西有史以来规模最大的一次环境示威活动。

拯救像隐鹛和斑蟾这样的物种需要智慧、技巧和奉献精神。科学家认为，我不仅要拯救濒临灭绝的个别物种，还要拯救特定栖息地中所有受到威胁的动植物，也就是说我们必须保护整个生态系统。就像大多数环保人士达成的共识一样，对于野生生物来说，最大的威胁正是森林砍伐和疏于监管的农业发展，尤其是肉类和奶制品生产等毁灭性力量所造成的栖息地破坏。

亚马孙雨林是地球上生物多样性最高的陆地生态系统之一，但它也是受威胁最严重的生态系统之一。BBC 自然历史部的制作团队曾多次前往亚马孙雨林。据科学家的估计，自《地球脉动》播出至今，亚马孙雨林中至少有 190 亿棵树消失了。这片森林是去是留本身就备受争议。有的人支持将其砍伐或清理以促进当地的发展，但还有另一股力量在阻止这种破坏行为，而这需要一些非常特别的勇士才能发挥作用。

亚历山德拉·科拉普是蒙杜鲁库部落的首领之一。她的族人世代在亚马孙雨林中生活，他们与雨林及其中的野生生物有着特殊的亲密关系。"看看这只蚂蚁。"她对年轻的朋友贝拉说，"当这只蚂蚁孤身一人时，它是多么无助，但蚂蚁们团结在一起时就能众煦山动。我们蒙杜鲁库人就如同这片雨林中的一只小蚂蚁，而我们也必须像这只蚂蚁一样，继续为我们的雨林家园发声、游行。"

昔日繁盛的家园正在眼前慢慢消失，他们不得已走上街头游行，以此来警醒人们。古老的雨林正在被改造成大豆种植园和牧场，但是巴西每年出口的大豆大部分不是供人类直接食用，而是主要销往其他国家，用于饲养牲畜。

▼ 亚历山德拉穿着传统服装，化着传统妆容，站在巴西国会大厦外。示威活动就在大楼前的大草坪旁进行。

▲ 蒙杜鲁库部落的一位年轻女性
（亚历山德拉的好朋友）正在向
她学习雨林中的传统生活方式。

"我们的雨林、我们的亚马孙正遭受破坏，"亚历山德拉控诉道，"这样你们就可以堂而皇之地建立养鸡场和养猪场了。"

此外，亚马孙雨林还受到非法采矿及剧毒化学废弃物的威胁，这些废弃物污染了河流，毒死了水中的鱼类，或让它们无法再被其他动物食用。如今，想要拯救雨林的人和意图开发雨林的人已经"开战"了。亚历山德拉所在部落的原住民组成了一支勇敢的战队，她必须冲锋陷阵，但不是以他们善用的长矛和毒箭，而是用知识进行战斗。她攻读了法律学位，正在与当局抗争，但这无疑非常危险。在巴西，因保护环境而被杀害的人比任何国家都多，而亚历山德拉正是这种暴力冲突的受害者。她的家被洗劫一空，她的生命受到威胁，但她并不气馁。

"当你尝试保护一片森林时，"她说，"即使作为一名合法公民，生命也会受到威胁。我随时都可能被杀，其实'他们'曾两次试图杀死我。"

在她的部落里，人们正在谈论入侵者和他们的暴行。

"伐木工人来了。"一位年轻的母亲说。

"是的，他们带着手枪来到这里。"另一位母亲说，"外面的大多数人不知道这里究竟发生了什么。有些人认为这是谎言，是我们凭空捏造的……但他们到底为什么要砍伐这么多树呢？"

　　他们的土地的处置权取决于3000千米外巴西首都巴西利亚的决策。好在亚历山德拉的顽强斗争为她争取到了巴西议会的一席之位，她与来自巴西各地的170个原住民群体一起参加了巴西原住民有史以来最大的集会。这场名为"自由之地"的年度示威活动旨在抗议那些政府剥夺原住民的权利并破坏他们世代生存的土地的计划。亚历山德拉在脸部涂上油彩，为一生中最非凡的一天做好了准备。

　　"我们总是说，原住民在尽力阻止天塌下来。如果天塌下来，没有人能够幸免，每个人都得承受后果，无论是富人还是穷人，无论是住在森林里的人还是住在城市里的人。我只是将我们看作与机器斗争的小蚂蚁，我来这里是为了战斗，我将誓死保卫森林，保卫河流，保卫我的人民。从前，我们用弓箭为领地而战，如今我们用法律来战斗。"

　　自示威活动举行以来，巴西更换了总统，前总统签署的一项法案被撤回，这是亚马孙雨林的一个小胜利。新总统路易斯·伊纳西奥·卢拉·达席尔瓦在就职演说中谈到了这个问题——森林砍伐。他说："巴西不需要再砍伐森林来扩大农业规模了，而是应该在300万平方千米的空地上修复生态。我们没有理由再继续破坏美丽的亚马孙。"这一次，来自亚马孙的消息是积极且鼓舞人心的。

▲ 亚历山德拉站在雨林边缘，为雨林的未来沉思。她面前的土地已被清理为农业用地了。"我爱亚马孙雨林，"她说，"人们常常忘记雨林不应该只是一个取之不尽的市场、一个潜力巨大的药库，更不是为我们蒙杜鲁库人而存在的。它为地球而存在，为无数生灵而存在。"

拯救珊瑚礁

▶ 穆罕默德·纳希德坐在他珍视的马尔代夫珊瑚礁旁（图①）。这与他必须参加的国际会议和权力走廊[1]相去甚远，但他必须为保护珊瑚礁免受气候变化的影响而站在聚光灯下（图⑤）。原始的珊瑚礁色彩鲜艳，是无数海洋生物栖息的乐园（图③），但如果海水温度升高，珊瑚礁就会白化死亡（图④）。海平面的持续上升和来势汹汹的风暴也威胁着珊瑚礁，更威胁着马尔代夫本身的存在。穆罕默德·纳希德正在致力于阻止这种情况发生。

---

[1] 权力走廊是指政府或行政部门暗中左右决策的权力中心。在这种有重要影响力的地方，人们会为了权位而勾心斗角、耍手段。——译者注

虽然拯救一个物种或一片栖息地有时取得了成功，而且是守护地球家园的重要一环，但如果我们不能阻止更大的威胁——气候变化，这一切都将化为泡影。原生栖息地正变得越来越脆弱，最有可能被摧毁的第一种栖息地就是热带珊瑚礁。热带珊瑚礁中生活着成千上万的海洋生物，如果我们不做出任何改变，它们就将很快消失。为了拯救它们，人类必须阻止气候变化，这意味着我们需要政治家也成为守护地球家园的英雄。

穆罕默德·纳希德是马尔代夫历史上的第一位民选总统，他因自己的信仰而遭受的苦难比大多数人要多得多。自国际气候会议举办以来，他参加了每一次会议……除了在监狱里人身自由受限的时候。2021年，他受到炸弹袭击，但大难不死，在接受手术后被转入重症监护室。"医生说他们从我的身体中取出了16块炸弹碎片，而我昏迷了整整两天。"他说。

但是，他仍然希望在保护珊瑚礁的路上走得远一点，再远一点。2022年，在英国的格拉斯哥，他代表58个国家和14亿人担任气候脆弱论坛形象大使，并在《联合国气候变化框架公约》第26次缔约方会议前夕发表演讲，继续为他的祖国及珊瑚礁的生存而战。这是他成年后一直在做的事情。他传达的信息很简单：全球平均地表温度上升1.5摄氏度是一个关键的临界点，而且目前看来，达到这一阈值的可能性越来越大。世界气象组织于2023年5月发布的一份报告指出，有研究表明，至少在一年内，全球平均地表温度上升1.5摄氏度的可能性为66%，而在2023年至2027年期间，这一可能性也许更大。一旦超过该阈值，许多曾经热闹非凡的热带珊瑚礁将会变成一片废墟。到那时，马尔代夫可能也就不复存在了。他说："当你以大局为重、敞开心扉拥抱地球家园时，你自己的生命就没有那么重要了，真正重要的是你的'使命'。"

纳希德一直在为他的目标努力，试图让全世界的政治家也采取行动。他一直在重复传递同样的信息：不要突破1.5摄氏度这个数字。纳希德认为，人们现在的问题在于说得太多，而行动太少。

他说："你可能会理所当然地认为，任何一位正常的总理或总统都能更好地理解这些事情，而不只是喋喋不休地谈论如何维持他们舒适的现代生活方式。因此，当看到政客们似乎不明白这一点时，真的十分沮丧。"

这种沮丧的现实意味着如果我们再不做出任何改变，99%的珊瑚礁将在30年内消失。不过，穆罕默德·纳希德相信我们仍有机会拯救它们。

"请不要对此绝望，也不要轻言放弃。我也会为珊瑚礁、为地球母亲战斗到生命的最后一刻。环境问题在选举议题中被提及的次数越多，阻止气候变化的行动就会越多。所以，在每次选举中，当你每次投票时，请勾选'地球'。"

在马尔代夫的拉姆环礁中，一只尖吻棘鳞鱼（*Sargocentron spiniferum*）躲在一块桌形珊瑚下。这正是穆罕默德·纳希德试图拯救的一种原始珊瑚礁，但气候变化对这些珊瑚礁的影响可能是毁灭性的。

致谢

　　我们首先要感谢迈克尔·布赖特为这本书的写作给予的支持，感谢劳拉·巴威克以专业的眼光为本书挑选精美插图。

　　我们也非常感谢有关的保护生物学家、野外向导和其他专家，他们不仅满怀热忱地致力于研究、探索和保护大自然，还慷慨地抽出时间与我们分享这些非凡的故事，并欢迎和带领我们到现场进行拍摄。没有他们，发现并讲述这些故事几乎是不可能的。

　　另外，从海洋深处到偏远的丛林，敬业的摄像师和音响团队背着重型设备，不远千里，跋山涉水。他们曾忍受零下 50 摄氏度和零上 50 摄氏度的极端温度，独自在狭窄的庇护所中度过数天，在完全黑暗的地下度过数周，也曾在偏远的简陋营地度过数月。他们一心只想着捕捉这个美丽星球上的那些令人惊叹的场景、一个个自然奇迹以及生态和生命的脆弱。他们的工作得到了安全顾问、船员、导游、潜水顾问以及在世界各地的各种自然栖息地工作的无数专家的支持。在此表示感谢！

　　总之，我们对整个制作团队表示衷心的感谢！感谢他们的奉献、激情、坚韧和陪伴。在过去充满挑战、始终忙碌的 5 年多里，他们为展现地球的不可思议和不断变化付出了太多。没有他们，就没有《地球脉动Ⅲ》。

迈克尔·甘东、容尼·基林和马特·布兰登

图片来源

b – 下图；t – 顶图；m – 中图；
a – 上图；l – 左图；r – 右图

1 Tom Greenhalgh; 2~3 Cyril Ruoso; 4~5 Claudio Contreras

第1章

6~7 Mark MacEwen; 8~9 Gabriel Rojo; 10~13 BBC Studios Natural History Unit; 14~15 Chris & Monique Fallows; 16~17 Christophe Courteau; 18~19 Philip Stander; 20 Alexander Semenov; 21 Ingo Arndt; 22~25 BBC Studios Natural History Unit; 26~27 Juniors Bildarchiv GmbH/Alamy; 28 BBC Studios Natural History Unit; 29 Sam Lewis; 30~31 Gabriel Rojo; 33t BBC Studios Natural History Unit; 33m Gabriel Rojo; 33b BBC Studios Natural History Unit; 34~35 BBC Studios Natural History Unit; 36~37 Biopixel; 38~39 Claudio Contreras; 40 BBC Studios Natural History Unit

第2章

42~43 Ronan Donovan; 44~45 blickwinkel/Alamy; 46~51 Ronan Donovan; 52~55 Cyril Ruoso; 56 BBC Studios Natural History Unit; 57 Chris Tzaros ~ Birds, Bush and Beyond; 58 BBC Studios Natural History Unit; 60~61 Chris Tzaros ~ Birds, Bush and Beyond; 62 Justine Evans; 63~65 Alex Walters; 66 Ryan H/500px/Getty Images; 67~68 BBC Studios Natural History Unit; 69tl Tim Fogg; 69tr, m, b BBC Studios Natural History Unit; 70~71 Patrick Landmann/Science Photo Library; 72~73 Hemis/Alamy; 74 BBC Studios Natural History Unit; 76~77 Valeriy Maleev

第3章

78~79 Wim van den Heever; 80~81 Espen Bergersen; 82 Serrnovik; 83 Jack Dykinga; 84~85 Franco Banfi; 86t mauritius images GmbH/Alamy; 86b Doug Perrine; 88 Jen Guyton; 89~90 Brandon A. Güell; 91 Michael & Patricia Fogden/Minden; 92~93 Brandon A. Güell; 94~95 Chien Lee/Minden; 96~97 Chitral Jayatilake; 99t Elliot Jones; 99m, br BBC Studios Natural History Unit; 99bl Chitral Jayatilake; 99br BBC Studios Natural History Unit; 101 Wim van den Heever; 102t BBC Studios Natural History Unit; 102b Tony Heald; 103 Lou Coetzer; 104~105 Guy Edwardes; 106 Henrik Karlsson/Getty Images; 107 BBC Studios Natural History Unit; 108~109 Wim van den Heever; 110~111 BBC Studios Natural History Unit; 112~115 Drill Films; 116 Zahoor Salmi/Getty Images; 117 Rizwan Tabassum/AFP via Getty Images; 119~120 BBC Studios Natural History Unit; 121 Shahid Ali/AFP via Getty Images

第4章

122~123 Cyril Ruoso; 124~125 Paul Bertner; 126 Tui De Roy; 127 Nick Garbutt; 128~129 BBC Studios Natural History Unit; 130~133 Javier Aznar González de Rueda; 134t blickwinkel/Alamy; 134b BIOSPHOTO/Alamy; 137 Luke Nelson; 138~139 Jaime Rojo; 140~141 Eric Baccega; 142~143 Doc White; 144 Robert Postma/Design Pics/Getty Images; 145 Paul Nicklen; 147 Emmanuel Lattes/Alamy; 148~149 Lucas Bustamante; 150~153 Fabio Nascimento; 154~155 Abigail Lees; 156tl, mr, bl Abigail Lees; 156tr Ronan Donovan; 156br Sam Lewis; 157 Mitch Buckley

第5章

158~159 Jorge Cervera Hauser; 160~161 Rafa Herrero; 162 Pete Oxford; 163 Michael Pitts; 164~165 Stephane Granzotto; 166 Georgette Douwma; 167 Alex Mustard; 168~169 Daniel Geary; 170~173 Frans De Backer; 174~175 Florian Schulz Productions/Alfredo Barroso; 176~177 Brandon Cole; 178~179 Florian Schulz Productions/Erick Higuera; 181~183 Jan van IJken; 184~185 Ralph Pace/Minden; 186~187 BBC Studios Natural History Unit; 188~189 Chien Lee/Minden; 190~191 BBC Studios Natural History Unit; 192~193 Rafa Herrero; 195~196 Fundacao Rebikoff~Niggeler; 197~199 MBARI; 200 Ralph White/Getty Images; 201~205 BBC Studios Natural History Unit

第6章

206~207 Tom Greenhalgh; 208~209 Jack Dykinga; 210~211 Tom Greenhalgh; 212~213 BBC Studios Natural History Unit; 215 Barrie Britton; 216~217 Stefan Tomic/Getty; 218~219 Afzal Khan/Alamy; 220~221 John Sirlin/Alamy; 222~223 Charlie Hamilton~James; 224~225 Klein & Hubert; 226t Wibke Woyke/Alamy; 226b Natural History Film Unit Botswana; 226~227 Natural History Film Unit Botswana; 229 Valeriy Maleev; 230tl, b Valeriy Maleev; 230tr, mr BBC Studios Natural History Unit; 232 BBC Studios Natural History Unit; 233 Sean Crane/Minden; 234~235 Tui De Roy/Minden; 236~237 Angelo Gandolfi; 238 Michael Viljoen; 239 Steve Winter; 240~241 Kiri Cashell

第7章

242~245 BBC Studios Natural History Unit; 246~249 Fredi Devas; 251t Sebastian Kropp/Alamy; 251bl, mr, br BBC Studios Natural History Unit; 252~253 BBC Studios Natural History Unit; 255t Dave Watts; 255b BBC Studios Natural History Unit; 256~257 NineCaribou Productions LLC; 258 BBC Studios Natural History Unit; 259 Natalie Coles; 260~261 BBC Studios Natural History Unit; 262~264 Fredi Devas; 265 Danita Delimont Creative/Alamy; 266~267 Fredi Devas; 269tl Yasuyoshi Chiba/AFP via Getty; 269tr, ml BBC Studios Natural History Unit; 269b REUTERS/Baz Ratner; 270~271 REUTERS/Baz Ratner; 272~273 Fredi Devas; 275t Brasil2/Getty; 275b BBC Studios Natural History Unit; 276 Phil Clarke Hill/Getty; 277 alvarez/Getty

第8章

278~279 Leticia Valverdes; 280~281 Andy Rouse; 283tl Craig Hastings; 283tr Neil Goodchild; 283m, b BBC Studios Natural History Unit; 285t BBC Studios Natural History Unit; 285b Jaime Culebras/Santiago Hualpa; 286~287 Jaime Culebras; 288 BBC Studios Natural History Unit; 289 Jaime Culebras; 291t Francisco Marquez; 291mr BBC Studios Natural History Unit; 291b Abi Brown; 292~293 Mark MacEwen; 294 Helena Wehner; 295t BBC Studios Natural History Unit; 295b Abi Brown; 296~297 Helena Wehner; 298~299 Leticia Valverdes; 300 BBC Studios Natural History Unit; 301 Leticia Valverdes; 303tl Stuart Dunn; 303tr BBC Studios Natural History Unit; 303m Alex Mustard; 303bl Pascal Kobeh; 303br BBC Studios Natural History Unit; 304~305 Alex Mustard

图书在版编目（CIP）数据

地球脉动. III, 最后的秘境 / (英) 迈克尔·甘东
(Michael Gunton), (英) 容尼·基林 (Jonny Keeling) ,
(英) 马特·布兰登 (Matt Brandon) 著 ; 赵颖译.
北京 ：人民邮电出版社, 2025. -- ISBN 978-7-115
-65741-1

I. K91-49

中国国家版本馆 CIP 数据核字第 2024HR3908 号

版 权 声 明

内 容 提 要

　　从海洋深处到偏远丛林，BBC 制作团队历经 5 年多的时间，到访了地球上众多令人惊奇的自然生境，打造了《地球脉动 III》这部卓越的纪录片，带领我们领略野生生物绝妙的生存策略，以及它们所面临的生存压力。本书是纪录片《地球脉动 III》的同名图书，也是“地球脉动三部曲”的收官之作，主要内容包括海陆之间、极端之地、生命之源、密林之中、深蓝秘境、广袤之原、危险关系和家园卫士，展示 7 类栖息地中野生生物的生存状况、它们与人类的关系，以及为保护野生生物而付诸行动的诸多人士。创作人员借助先进的拍摄技术和设备，成功地记录下了众多“史上首次”的镜头画面和精彩瞬间。请屏住呼吸，跟随书中的文字，开始一场激动人心的自然探索之旅吧！

◆　著　　　　[英]迈克尔·甘东（Michael Gunton）
　　　　　　　[英]容尼·基林（Jonny Keeling）
　　　　　　　[英]马特·布兰登（Matt Brandon）
　　译　　　　赵　颖
　　责任编辑　刘　朋
　　责任印制　陈　犇
◆　人民邮电出版社出版发行　　北京市丰台区成寿寺路 11 号
　　邮编　100164　电子邮件　315@ptpress.com.cn
　　网址　https://www.ptpress.com.cn
　　北京利丰雅高长城印刷有限公司印刷
◆　开本：889×1194　1/16
　　印张：19.25　　　　　　　　2025 年 7 月第 1 版
　　字数：558 千字　　　　　　　2025 年 7 月北京第 1 次印刷
　　著作权合同登记号　图字：01-2023-6029 号

定价：138.00 元
读者服务热线：(010)81055410　印装质量热线：(010)81055316
反盗版热线：(010)81055315